核心素养理念下的
初中物理教学过程
优化策略

周卓森　编著

东北师范大学出版社

长　春

图书在版编目（CIP）数据

核心素养理念下的初中物理教学过程优化策略 / 周
卓森编著. — 长春：东北师范大学出版社，2023.7
ISBN 978-7-5771-0397-6

Ⅰ.①核… Ⅱ.①周… Ⅲ.①中学物理课—教学研究
—初中 Ⅳ.①G633.72

中国国家版本馆CIP数据核字（2023）第134523号

□责任编辑：石纯生　　　　　□封面设计：言之凿
□责任校对：刘彦妮　张小娅　□责任印制：许　冰

东北师范大学出版社出版发行
长春净月经济开发区金宝街 118 号（邮政编码：130117）
电话：0431-84568023
网址：http：// www.nenup.com
北京言之凿文化发展有限公司设计部制版
北京政采印刷服务有限公司印装
北京市中关村科技园区通州园金桥科技产业基地环科中路 17 号（邮编：101102）
2023年7月第1版　2023年9月第1次印刷
幅面尺寸：170mm×240mm　印张：16.25　字数：239千

定价：58.00元

编委会

序 言
PREFACE

优化教学过程，促进学生素养发展

未来的物理课堂是"核心素养为本"的课堂。2022年版义务教育新课标的正式颁布，标志着我国基础教育课程改革进入了一个新的阶段。新课标强化了课程育人导向，将党的教育方针进行细化，着力培养学生的核心素养，使学生在复杂的、不确定的情境之时，能以正确的价值观、必备品格和关键能力解决实际问题。核心素养理念下的物理教学应当在物理观念、科学思维、科学探究和科学态度与责任四个维度进行全面实施以发挥学科育人的价值。

未来的物理课堂还是追求"高质量发展"的课堂。教学过程优化是人类对教育教学质量提高的追求方式，古往今来，人们会从人的价值、人的本性、教学的本质和基本任务等方面探索教学过程优化的方法。现代教育随着心理学的兴起和不断发展，形成多个思想流派，行为主义、人本主义、认知主义以及巴班斯基的"教学过程最优化"等学术思想，为教学过程优化提供了理论支撑。课程改革支撑教育高质量发展，课堂教学必然要在汲取人类历史上的教育学术精华的基础上，形成有效的教学模型和教学策略。

未来的物理课堂更是追求"知识发生过程"的课堂。新课标强调课程育人，应保证学科知识的有效建构以及知识迁移运用能力的培养。追求知识发生过程和溯源知识本质源头，是一切课堂的动力来源。知识的发生、发展过程，强调的是自主建构，强调情境的运用和问题的引导，强调充分让学生"做中学""用中学"，强化物理概念的发现和推理过程，把浓缩的物理概念充分稀释、还原，使学生体验物理概念生成过程。教师应创设情境和进行问题引导，让学生进行实验探究，形成规律，并把规律应用到生活和社会，解决现实问题。当学生在物理观念的形成过程中培养了科学思维和探究能力，产生强烈的获得感和成功感时，学生的科学态度和责任感便自然形成。

以上三个物理课堂形态，珠海市斗门区物理教研员周卓森老师是研究者和实践者。《核心素养理念下的初中物理教学过程优化策略》一书源自他和他的团队的存疑思考：面对新课程改革，如何在教学过程优化中取得新进展？面对物理学科核心素养的培养，如何寻找有效的突破口？本书从物理观念的培养入手，深入探讨知识发生过程，研制适合新课程课堂实施的"三层四阶"教学模型，订立教学过程优化的基本策略。全书以新课标的课程理念为指导，结合丰富的教学案例进行论述，为广大教师提供课程实施思路和建议。本书凝结了珠海市周卓森名师工作室团队的心血，对物理同行有借鉴意义，在此推荐给广大读者。

是为序。

珠海市教育研究院　　熊志权

2022年10月于珠海香洲

前 言

FOREWORD

　　初中物理是义务教育阶段的一门重要课程，其意义在于让学生学习终身发展必需的物理基础知识，养成良好的思维习惯，能运用科学知识和科学研究方法分析问题和解决问题。《义务教育物理课程标准（2022年版）》明确指出，义务教育物理课程以习近平新时代中国特色社会主义思想为指导，以学生发展为本，以提升全体学生核心素养为宗旨，为每个学生的学习和发展提供机会。注重落实物理课程的育人价值，培养学生适应个人终身发展和社会发展需要的正确价值观、必备品格和关键能力。

　　自新课改以来，全国各地在初中物理教学过程改革方面取得了很大的成就，但也存在不少问题，如教学过程过于简单化、形式化、浅表化，从而导致学生对物理概念理解不透、对物理规律掌握不牢、知识迁移运用能力不足、教学质量整体不高。当前，在以发展学生核心素养为理念的教育改革背景下，如何优化初中物理教学过程，提升学生在认识自然的过程中的成效；如何在经历探究过程中培养探究能力和运用研究方法意识，全面发展学生的综合素质，便成了当前初中物理教学改革的重要课题。

　　教学过程是指师生在共同实现教学任务中的活动状态变换及其时间流程，是教学的核心。在追求教学过程优化的过程中，策略的灵活开发和运用是影响教学质量和教学效果的关键。本书拟以发展学生物理学科核心素养为目标，探讨初中物理教学过程优化策略问题。全书共四章：第一章从新课设计、实验设计、复习设计、作业设计四个课堂教学中最主要的项目开始，对课堂教学过程优化进行专项探讨；第二章结合最前沿的教学理念，介绍自主化策略、情境化策略、支架式策略、深度化策略、项目化策略、活动化策略和简洁化策略七大策略；第三章介绍物理与语文、数学、音乐、体育四个重要学科的交叉渗透策略，探讨如何突破物理学科教学界限，实施知识综合化教育问题；第四章通过结合五个课堂教学实录，从不同策略运用的角度剖析教学过程优化的实施情况。为了便于读者对所探讨问题的理解，本书采用大量案例进行对比分析，这些案例的选择离不开作者个人对教学现象的理解，不一定完全恰当，希望读者在研究问题的过程中不要被案例所限。

　　本书由周卓森组织设计并统稿完成。第一章由周卓森、朱建国、雷榴等编著，第二章由周卓森、罗钊颖、张庆敏、庄慧珊、石磊、孔立就、冯婷婷、刘文东、张杰友、孙洪跃、肖剑民等编著；第三章由周卓森、卢晓彤、黄钜潮等编著；第四章由周美淑、黄钜潮、周恒辉、罗钊颖、刘文东等编著。珠海市教研院教科室的熊志权主任为本书作序，这是对我们极大的关怀和鼓励。我们在编著过程中参阅和引用了国内外的许多有关资料，在此一并表示感谢。由于作者水平有限，疏漏之处在所难免，希望广大物理同人不吝赐教，及时斧正。

周卓森

2022年8月

目录

C O N T E N T S

第三章
学科交叉渗透教学策略

第四章
教学过程优化课堂实录评述

教学过程优化设计

　　教学过程优化，是指通过某种或多种策略的参与，使教学过程能够在有限的时间和精力下实现该条件下最好的教学效果。初中物理教学设计必须增强过程优化意识，强化物理课程育人功能，把发展学生核心素养的观念转化为教学材料和教学活动的计划，制订好教学目标的实施计划，预判课堂中的决策性活动，加强教学各要素系统性意识，分析教学问题和需求，确立解决的程序纲要，提高教学设计的可操作性。涉及教学设计的话题很多，本章聚焦于初中物理教学中的新课设计、实验设计、复习设计、作业设计四个关键问题进行深入探讨。

第一节　新课设计优化

新课标明确要求教师要依据学生发展阶段、教学内容特点、教学资源等的情况，灵活运用多种教学方式，促进教学目标的有效达成。具体操作要倡导情境化教学、突出问题教学，注重"做中学""用中学"以及合理运用信息技术等。新授课作为教学的主体并处于教学的基础地位，有必要在一种教学模型的指导下进行设计，助力新课程理念的落实。

新课程理念下的初中物理课堂教学模型为"三层四阶"模型：第一层为情境引思，第二层为知识建立，第三层为生活应用。其中第二层的知识建立则分四阶：第1阶为去情境，第2阶为实验探究，第3阶为形成知识，第4阶为巩固知识。如图1-1-1所示：

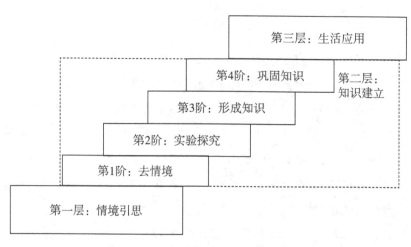

图1-1-1

第一层：情境引思

作为层阶结构中的第一层，"情境引思"的意义是，通过情境创设，并以设计的问题引发学生思考，从而把学生引导到第二层的进阶学习。这一层是学生"从生活走向物理"的阶段，可让学生认识到"生活中需要这些物理知识，或利用这些知识能解释生活中的现象"。因而，这一层是物理学科与学科外部进行交互的层面，是教学的最底层或最表层。这一层中，情境创设起到非常重要的作用。

（一）情境创设

创设情境，可以让学生在"事实"中建立表象。在知识建立之前，教师创设教学情境具有集中学生注意力、教学定向等作用。教学情境的创设方式有多种，物理教师所采用的最常用的情境创设方法是实验，尤其是利用生活物理进行的小实验。教师只有善于创设有意义的情境，才能激发学生的想象力。如，在浮力与排水体积关系的教学中，教师可把空的矿泉水瓶压入水中，让学生感受排水多少与浮力大小的关系，教师可引导学生发挥想象去想大轮船的排水体积非常大，是否说明它受到的浮力很大，如何通过所学物理知识进行计算。又如在大气压的教学中也面临对"看不见、摸不着"的事物的认识过程，教师需要充分激发学生的想象力进行教学，除了演示"覆杯实验""皮碗实验"等传统实验以外，还应增加一些设计新颖的实验，如茶壶倒水时用手指封住壶盖小孔，水无法倒出；在吸管中间钻一个小孔后，无法直接利用它吸饮料等。通过这些情境体验，学生在学习过程中，才能发挥想象力，对物理事实有进一步认识，从而形成物理知识积累。

（二）引起思考

这是思维启动的过程。要在上课开始阶段引起学生思维活动，最直接的方法就是比较和分类。比较是在头脑中确定对象之间差异点和共同点的思维过程；分类是根据对象的共同点和差异点，把它们区分为不同类别的思维方式。例如：加热可以使固体熔化，但石蜡与海波在熔化过程中有所差别，学生在实验过程中，可以比较出两种不同固态物质的差异点。如果在教学中有足够多的时间，教师还可以让学生进行不同物质（如松香、沥青、冰、萘等）的熔化实验。如果学生能发现固体熔化的两种情况——熔化时温度不变和熔化时温度变化，说明学生已经完成"分类"的思维过程了。

比较过程往往能引起认知冲突，是最能迅速启发学生思维的方式。如在探究凸透镜成像原理教学时，教师创设这样的情境：在讲台上放置一个用LED做成的"东方明珠塔"，给每一位学生发一只凸透镜和一个光屏，要求每人利用凸透镜在屏上形成一个"东方明珠塔"的像。由于教室前面和后面的同学所成的像的大小不同，学生便从这种差异中提出问题。接着，教师在讲台桌面上用一个大的凸透镜和大的光屏形成一个倒立放大的像。学生也会对自己所成的像与教师所成的像的差异进行比较，从而引起思考，激起探究凸透镜成像规律的欲望。

第二层：知识的建立

第二层是课堂教学的核心。当经历简短的第一层情境引思之后，教学便进入物理实质性的教学过程。这个过程分四阶，分别为去情境、实验探究、形成知识和巩固知识。

第1阶：去情境

1. "去情境"与"情境引思"

在第一层的情境引思中，教师会创设情境进行教学，如利用生活用品、视频、图片等。这些素材生活性很强，容易给学生带来亲切感，引起注意，但同时带来很多与教学目标无关的信息，这些信息又给教学带来负面的效应。因此在第二层的知识建立阶段就要进行"去情境"处理，即从"生活现实情境"中抽取有物理意义的情境进行深入教学，滤去与教学目标无关的因素。

去情境实质上是建模、抽象的思维过程的初始化。抽象大致分为分离、提纯和简略三个环节。分离是指从探索某一种规律出发，撇开研究对象同客观现实的整体联系；提纯是指在思想中排除那些模糊基本过程、掩盖普遍规律的干

扰因素，从而使我们能在纯粹的状态下对研究
对象进行考察；简略是指对纯态研究的结果必
须进行的一种处理，或者说是对研究结果的一
种表述方式。初中物理探究活动的抽象过程应
遵循这三个环节。例如：在杠杆教学中，教师
以钢丝钳作为情境引入教学，但钢丝钳所承

图1-1-2

载的信息量非常大，如材质、颜色、体积等，这些方面与杠杆教学目标无关，
因此教师在教学中必须将其"分离"出去，也就是尽可能撇开与杠杆教学无关
的因素。在探究杠杆平衡条件的实验中，教师会利用带刻度的尺、钩码等器材
进行研究，如图1-1-2所示。在实验前教师会要求学生调节杠杆两端的螺母，
使杠杆在不挂钩码时，保持水平并静止，达到平衡状态。实际上，要求杠杆在
实验前处于平衡状态属于"提纯"环节，目的是排除杠杆自身重力对实验的影
响，使学生专注于钩码产生的动力和阻力与力臂的关系。在分析生活中的杠杆
时，教师会用一条线段表示杠杆，用一个圆点表示支点，用带箭头的线段表示
力，用大括号或两边带箭头的线段表示力臂，这属于"简略"的环节，是抽象
的外部特征。

案例1：去情境——抽象提纯初始化

表1-1-1

	第一层	第二层第1阶
	生活物品（创设情境）	**教具（去情境）**
例1：焦耳定律	电炉的发热丝与导线是串联的，通电后电流相等，为什么工作时发热丝与导线发热不相同呢？	在发热丝上截取长短不同的两段，按图所示串联后接到电源上，观察哪根火柴先被点燃。 R_1 R_2

续　表

	第一层	第二层第1阶
	生活物品（创设情境）	教具（去情境）
例2：平面镜成像	镜子 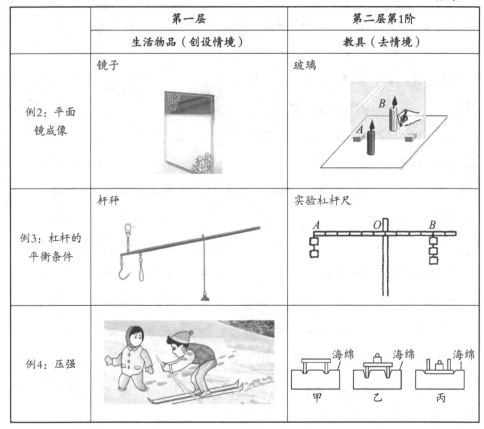	玻璃
例3：杠杆的平衡条件	杆秤	实验杠杆尺
例4：压强		海绵

从表1-1-1中可看出，第二层第一阶虽然仍具有一定的情境元素，但与第一层中完全真实的情境物品已不同，所用的器材对揭示物理原理更有利。

经过"去情境"的教具具有以下几个特点：

（1）目标性更加明确。如表1-1-1中的例1，其中一个教学目标为研究电流放出的热量与电阻的关系，在第二层第1阶去情境后，原来的电炉的形状、颜色、品牌等信息统统都不要，只保留电阻值不同的两段发热丝，在教学过程中，学生的关注点就会停留在电热与电阻两个因素之上，这样的教具就显得更有目标性了。

（2）简明巧妙，效果凸显。如表1-1-1中的例2，要寻找像的位置，比较物与像的大小关系，凭生活用的镜子是做不到的，但玻璃却能做到，且能凸显出效果。

（3）有读数，可量化。如表1-1-1中的例3，杠杆尺上有长度数据，力的大小则通过钩码的个数表示，这就为后续的科学探究创造了条件。类似的情况还有用电流表、天平、测力计测量相关物理量。

（4）适合课堂，利于操作。教学工作主要在课堂上进行，学生分组实验的器材必须具有体积适度、方便移动、利于操作的特点。如表1-1-1中的例4，第一层的情境创设是生活中的雪地受压情况，而去情境后的教具是海绵受压情况，前者的功能是引发思考，后者的功能则是进入对物理量的实质性研究。

2. "去情境"与"实验探究"

第二层第1阶作为知识建立的最初始阶段，除了承担从第一层真实情境过渡到物理知识的正式学习的任务以外，还有一个重要功能是为科学探究设立"支架"。某些难度较大的探究任务，如果没有这一阶的支撑，学生的探究活动将会受阻。

案例2：

第1阶（去情境）

通过镜子无法找到像的位置，因而用玻璃替代镜子。

演示：在讲台上竖立一块大玻璃，在前面点燃一支蜡烛，可看到玻璃中蜡烛的像（图1-1-3）。

问：能否测量像的大小？有什么办法比较物和像的大小？

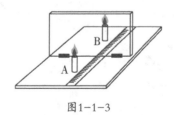

图1-1-3

利用两根相同的蜡烛可以比较物和像的大小。此外，还可以在调整像的位置时，确定像的位置。

如案例2，教师在安排学生做实验之前，安排了这个演示实验。在完成去情境任务（即用玻璃代替镜子）后，这个演示随即成为学生探究实验的铺垫，其最重要的价值是引发思考和讨论。学生若没有足够的思考与讨论，则不可能顺利完成实验，他们很可能会"不知道如何做，不知道这个器材有什么用"。上面的案例提的问题很重要："能否测量像的大小？有什么办法比较物和像的大小？"其目的是引导学生应用替代法。教师在这个阶段必须让学生理解用两根相同的蜡烛做实验的根本意义。

案例3：

第1阶（去情境）

演示教具：在发热丝上截取长短不同的甲、乙两段，按图1-1-4所示串联后接到电源上，观察哪根火柴先被点燃。

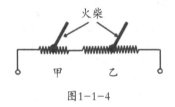

图1-1-4

第2阶（实验探究）

通过如图1-1-5所示的器材，分别探究电流相同时、电流不同时导体产生的热量的差异。

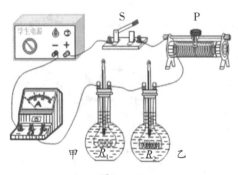

图1-1-5

如案例3，第1阶所设计的演示实验与第2阶设计的学生探究实验是有关联的。前者是定性实验，后者是定量实验。由于后者的实验并不是学生所设计的，要学生在短时间内理解设计者的意图有一定难度，因此在这里设计第1阶的演示实验，它起到一个"支架"的作用，可帮助学生理解后面的探究活动。

这里需要特别说明的是，图1–1–4中用两根长度不同的导体点燃火柴的实验，并不是为了探究焦耳定律，因为火柴能否被点燃并不是取决于吸收热量的多少，而是取决于其温度的高低（达到着火点以上即可被点燃）。这里之所以这样安排，目的是为后面的探究活动搭建阶梯，触发学生思考电阻与产生热量的关系，从而更好地理解后面的实验设计原理。

从第一层进入第二层第1阶，再进入第2阶，教学设计可表示为如图1–1–6所示。

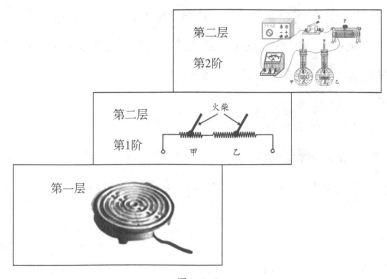

图1–1–6

第2阶：实验探究

实验探究是科学探究的主要方式。实验既是学生的学习目标，又是重要的教学方式之一，教学中要让学生的学习重心从过分强调知识的传承和积累向知识的探究过程转化，从学生被动接受知识向主动获取知识转化，从而培养学生的科学探究能力、实事求是的科学态度和敢于创新的探索精神。

实验探究在物理新授课各层阶中，处于最核心位置，这项任务难度较大，但如果做得好则对学生的物理核心素养的培养起到很重要的作用。物理核心素养包括物理观念、科学思维、科学探究、科学态度与责任四个方面，教师只有真正重视科学探究，才谈得上真正意义上的核心素养的培养。

教学进入第2阶——实验探究，意味着教师已处于可放手阶段，而学生也进入了真正意义上的自主学习。这个阶段最能体现"以学生为主体"的课堂教学状态的。

1. 从课堂观察的角度来看学生的表现

（1）学生的探究行为具有计划性和目的性，学生完全理解实验的目的和步骤，甚至能自主设计实验方案。

（2）学生主动参与，团结协作。学生对实验保持高度的热情，学生之间有讨论和交流，通过不同观点的交锋，补充、修正对当前问题的解决方案。

（3）学生在实验中不断地获得成就感，同时实验激发他们更强的求知欲望，这样就逐步形成一个心智活动的良性循环，从而培养学生独立探索、勇于开拓进取的能力。

2. 探究活动的效果

学生探究活动如能具备前述表现，说明学生的物理核心素养得到了实质性的培养；反之，说明这个探究活动是不成功的。我们可以通过以下几方面找原因。

（1）任务驱动是否充分

学生的任何行为都不可能是漫无目的的。实验探究活动作为一项高强度的智力活动，必须有强烈的动机才能完成。教师必须采取多种方法，激发学生探究的动机。在众多激发学生动机的方法中，教师要特别重视学生的"成就动机"，要让学生在一次次的实验中体验成功的乐趣，从而培养学生的科学探究热情。

（2）学生实验技能水平如何

学生的实验技能不足，动手能力不强，也会大大影响学生的探究热情。如学生在做电学实验时，经常无法把线接牢，造成断路，使实验无法完成，这就会大大影响学生的实验兴致。

（3）探究时间安排是否得当

探究实验通常用时较长，如果教师在课堂教学中不注意时间分配，用过多时间讲理论，导致实验时间不足，这样的探究活动就像"走过场"，学生无法在实验中进行深入的观察，无法从中体验发现的乐趣，久而久之，学生对探究活动的主动性就会变差。

（4）实验条件是否充足

这里所说的实验条件主要指器材。如果学生长期使用过于破旧的器材，实验误差过大，导致无法得到预期的结果，学生的探究热情也会减退。

第3阶：形成知识

这里所说的形成知识，是狭义上所指的对知识的归纳和表述。形成知识本质是一个教学过程的概念，学生经历了提出问题、科学探究后，自主建构而得出结果的过程才叫形成知识。而知识最终需要科学的语言表述，学生对知识的科学表述达到掌握程度，才算得上是真正意义上的形成知识。初中物理教材中对规律的表述非常明确，通常是"文字+公式"的方式，如人教版初中物理教材关于阿基米德原理的表述如下：

大量的实验结果表明，浸在液体中的物体受到向上的浮力，浮力的大小等于它排开的液体所受的重力。这就是著名的阿基米德原理，用公式表示就是 $F_浮 = G_排$。

形成知识的过程，实质上是对知识结构化的过程。与零乱知识的学习相比，通过概念和原理概括化了的知识在新的情境中有更强的迁移力。学习者掌握了了基本概念和原理，就可以举一反三，触类旁通，从而大大加速认知步伐。[1]

第4阶：巩固知识

知识的巩固通常以变式训练为主，因而对训练题目的设计是非常讲究的。

---

[1] 田本娜. 外国教学思想史［M］. 北京：人民教育出版社，1994：473.

案例4：[①]

1. 将一个重为10 N的物体放入一个装满水的溢水杯中后，从杯中溢出了3 N的水，则物体在水中受到的浮力大小为（　　　），你的依据是＿＿＿＿＿。

A. 10 N　　　　　B. 3 N　　　　　C. 13 N　　　　　D. 7 N

2. 在探究阿基米德原理的实验中，小明按如图1-1-7所示的顺序进行。

（1）你认为这个顺序合理吗？＿＿＿＿＿，判断的理由是＿＿＿＿＿＿＿。

（2）你认为最合理的实验操作先后次序是什么？请写出每一步骤下的字母、该步骤的内容及测量的物理量（用符号表示）。

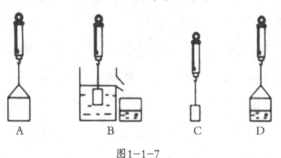

图1-1-7

第一步：图＿＿＿＿＿，内容：＿＿＿＿＿＿＿＿＿＿＿＿＿＿＿＿＿＿＿＿＿；

第二步：图＿＿＿＿＿，内容：＿＿＿＿＿＿＿＿＿＿＿＿＿＿＿＿＿＿＿＿＿；

第三步：图＿＿＿＿＿，内容：＿＿＿＿＿＿＿＿＿＿＿＿＿＿＿＿＿＿＿＿＿；

第四步：图＿＿＿＿＿，内容：＿＿＿＿＿＿＿＿＿＿＿＿＿＿＿＿＿＿＿＿＿。

3. 乌鸦叼来两块体积都为2 cm³的石块和木块放进水中，最终石块沉没在水底，木块则浮在水面上（如图1-1-8）。（已知$\rho_水$=1.0×10³ kg/m³，g取10 N/kg）

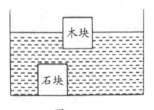

图1-1-8

① 阳光学业评价编写组. 物理·八年级下册［M］. 广州：广州出版社，2018.

（1）其中受到浮力较大的是_____。为什么？

（2）根据已知条件，能否算出木块和石块分别受到的浮力？如果能算出浮力，请把它的大小算出来。

（3）画出木块的受力示意图。

（4）若已知木块的密度$\rho_木=0.5\times10^3\,\mathrm{kg/m^3}$，则木块受到的浮力有多大？

（5）木块露出水面的体积是多少？

《阳光学业评价》是一本教学配套练习册，其使用功能贯串课堂教学整个过程。其中案例4为"巩固知识"部分。

这些题目的编排非常讲究，每一道题都有其特定的功能。

第1题的目的是让学生加深对刚学习的阿基米德原理的理解。题目呈现很多数字，具有一定的迷惑性，但并不需要利用这些数字进行计算，学生如果真正理解阿基米德原理，明白$F_浮=G_排$的关系，可以直接得出浮力为3 N的结果。由于这是一道选择题，为了避免学生"碰"答案，后面加了一个填空题"你的依据是_____"让学生进行解题思路分析。这种编题方式符合课堂教学的特征，体现教学的互动性。

第2题重温了实验过程。题目呈现了一个错误的实验步骤，学生在更正步骤的过程中，可以加深对实验原理的理解，同时加强对操作细节的认识。

第3题才出现真正意义上的计算。但第（1）小题依然是巩固浮力与排水体积关系的低阶思维训练题目，学生可凭借图中物体浸入水中的体积的多少，直接判断浮力的大小。而第（2）小题，则是对公式"$F_浮=G_排$"进行扩展，通过对石块受到浮力的计算，达到学习推导公式"$F_浮=\rho_液gV_排$"的目的。第（3）（4）小题则是对漂浮物体浮力的特殊计算，利用漂浮静止时浮力等于重力的关系，求出木块受到的浮力。第（5）小题难度最大，要通过木块所受的浮力，计算出排水体积，再得出木块露出水面的体积。

这种规律应用的设计，是建立在新学规律的认知巩固的基础上的，其设计思路非常讲究，从易到难，从简到繁，全面顾及教学的每个知识点的巩固，重视对重点内容的有效突破。

第三层：生活应用

第二层第4阶的知识巩固通常以题目的形式进行，但这类题目的编写特点是：非常简洁，情境性弱，一般为重温实验过程，或利用公式进行计算训练。而第三层的"生活应用"则承担"从物理走向社会"的任务。这一层也被称为"再情境"。

案例5：**探究并联电路的电流规律**

1. 如图1−1−9所示电路中，闭合开关S，测得a、c处的电流分别是0.5 A和0.2 A，则通过b处的电流是_____A。

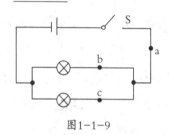

图1−1−9

2. 如图1−1−10所示的插线板中，a接电源，b接打印机，c接电风扇，两个用电器均正常工作时，a、b、c中的电流（   ）。

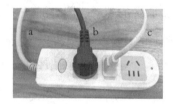

图1−1−10

A. a最大   B. b最大   C. c最大   D. 一样大

案例5中的两道题能清楚区分"巩固知识"和"生活应用"的差异。前者通过电路图的形式呈现出规律的原理。电路图是一种建模方式，并非真实情境，也就是教学中的"去情境"状态。通过电路图，让学生关注规律的本质问题，利用并联电路的电流规律，即干路电流等于支路电流之和的关系，求出结果。

后者则是进入了真实的情境中。学生在已掌握并联电路的电流规律的基础上去分析这个真实电路。首先学生必须在平时生活中接触过这个真实电路，其次学生知道插线板上连接的用电器之间是并联关系，再次学生能想象出类似的电路图，知道a、b、c导线的干路、支路关系。这道题放在"第三层"的意义在于使学生"学以致用"，加强学生对物理学科价值的认同感，培养学生观察生活中物理现象的能力，提高实践水平。这个有关插座电流关系的题目，属于情境性题目，既可以把它放在第三层的"生活应用"中作为教学拓展之用，也可以把它放在第一层"情境引思"当中，但问题设置上要有所不同。如果把它放在第一层，则不能通过题目的形式呈现，而应以实物的形式进行演示，教师可以通过语言提问三根导线之间的关系，如：先插入b插头，问a和b的电流关系，再插入c插头，问a、b、c三者的电流关系，以此引起学生对并联电路的思考。

"三层四阶"课堂结构是初中物理课堂结构的一种模型，按照这种模型，教师可以在进行教学设计的过程中迅速理清思路，把握教学节奏，完善教学环节。但教学所面临的情况是复杂的，课型、目标等因素都会影响教学的设计和实施，教师必须因地制宜，结合学生的实际情况采取适当的教学方案进行教学。

第二节　实验设计优化

实验教学是物理教学的重要组成部分，是落实物理课程目标、全面提高学生科学素养的重要途径。实验教学可以有效激发学生的兴趣和求知欲，提高学生的动手能力，培养学生的科学态度和创新精神，提高学生对物理知识的学习效率。可以说，脱离实验的物理教学算不上有效的教学。

一、落实课程目标，全面实施实验教学

实验本身是新课标所规定的教学内容。关于实验探究，2022年版新课标指出，"一级主题'实验探究'包含测量类和探究类学生必做实验。这两类学生必做实验相互关联，各有侧重，旨在体现物理课程实践性的特点，培养学生发现问题和提出问题的能力、动手操作和收集数据的能力、分析和处理数据的能力、解释数据的能力、表达和交流的能力，引导学生学会学习、学会合作，培养学生严谨认真、实事求是的科学态度。"

在实际教学中，教师对实验教学普遍不够重视，甚至出现未按课标进行实验教学的情况。2016年李文郁等在广东全省开展的"中学理科实验教学状况"调研情况显示，全省按教材全部开设学生实验的学校还不到27%，按教材全部开设学生实验和开设大部分学生实验的学校加起来也仅有约66%；全部改为演示实验的学校约占16%，开设少量学生实验且大量改为演示实验的学校约占

35%，这两项相加约占51%，即超过一半的学校基本不开设学生实验[①]。

教师不重视实验有多方面原因。李文郁等研究发现，教师不重视实验教学的原因主要集中于以下几个方面：一是实验器材不足。作为经济大省的广东省，也有超过35%的教师表示实验仪器设备不足或几乎没有，且地区间、学校间有明显差异；二是专职专业实验员配备不足。大多数学校没有专职的实验员，这使物理教师的实验教学负担加重，严重影响工作积极性；三是教学受应试教育影响。很多教师认为探究实验往往要耗费太多时间和精力，教学时间不够或是忙不过来，认为"实验教学占用了本来就少的教学时间""学生花时间做实验还不如多做一些练习好"。然而在"对实验教学重要性的基本看法"这个问题上，教师则一致认为实验教学对提高学生学习素养（如学习兴趣、创新精神等）和提高学生的科学探究能力有很大帮助作用。

从以上的调查结果中，我们不难发现，教师对实验教学的认识是充分的，但在影响实验教学的诸多客观因素面前只能表示无奈。我们可以设想，初中物理教师如要在教学中全面实施实验教学，除了需要政府对硬件等方面加大投入以外，教师自身还需克服多方面困难开展工作。

二、发挥实验在知识建构中的作用

从提高物理知识学习的有效性的角度来看，实验又是一种教学方法，通过学生亲自动手做实验，把实验感知和思维活动紧密结合来获得知识，培养技能，发展智力，提高能力。实验教学法按获得知识类型，可分为感知性实验、验证性实验和探究性实验；按实验性质，可分为定性实验、定量实验和析因实验；按组织方式可分为演示实验、分组实验、个别独立实验等。不同类型的实验在教学中都发挥着应有的作用，教师在教学实践中必须结合学生的认知特点、教学时间分配等因素，灵活使用。

---

① 李文郁，等.中学理科实验考试评价研究［M］.广州：广东高等教育出版社，2019.

（一）引起注意、激发兴趣

注意力的保持是课堂教学的重要因素，教师在教学设计过程中，一方面必须充分考虑学生注意力的变化规律，并采取一定的措施保持学生的注意力。另一方面，学生对新奇的事物产生兴趣，也会引起和保持学习的注意力。从注意力的引起和学习兴趣的激发角度看，演示实验发挥着重要作用。教师要善于在教学开始阶段、不同环节的过渡阶段设置适当的演示实验，使课堂教学内容丰富、形式生动、富有吸引力。例如，在"声音的特性"的教学中，教学伊始的导入环节适宜进行演示实验，如演奏不同乐器，让学生分辨声音；用不同的力敲击同一种乐器，发出不同声音等。这种演示实验，并非专门针对某个知识点的教学，仅是为了让学生将注意力集中于将要进行施教的内容，让学生迅速了解教学目标，激发学生的学习动机和兴趣。

（二）使教学内容更加形象直观

演示实验是直观性教学的一种手段。在物理教学中，教师通过演示实验，使物理原理变得直观、形象、生动。通过多种感官的刺激，学生所得到的信息量会更大，对物理概念和规律的理解随之变得更简单容易。又如在"声音的特性"的教学中，对于音调、响度和音色的教学都应当专门设计有针对性的演示实验。如在音调的教学中，教师可以将一把钢尺紧按在桌面上，一端伸出桌边，改变钢尺伸出的长度，拨动钢尺，听它振动发出的声音并观察钢尺振动的快慢的变化。这个实验非常直观：视觉上，可看出钢尺振动的快慢；听觉上，可听出音调的高低，音调高低与发声体振动快慢的关系一目了然。教学中，响度与音调两个概念的分辨是一个难点，教师可运用信息化手段进行解决。如图1-2-1所示，通过智能手机App把不同音调、不同响度的声音波形同时演示出来，让学生更直观地理解教学内容，从而区分两个概念。

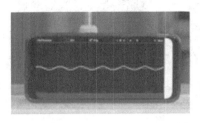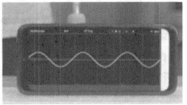

图1-2-1

（三）形成认知冲突，引起思维活动

如果说引起注意是教学的启动阶段，那么引起思维活动才意味着学生进入实质性学习阶段，这是认知的高级阶段，物理知识的建立离不开比较、分类、分析、综合、抽象、概括等一系列的思维活动。要让演示实验真正引起思维活动，在设计演示实验时，就要重点考虑其能否使学生形成认知冲突。

认知冲突就是当个体意识到个人认知结构与环境或是个人认知结构内部不同成分之间的不一致时所形成的状态。瑞士心理学家皮亚杰认为："个体的认知发展是在认知不平衡时通过同化和顺应两种方式来达到认知平衡的，认知不平衡有助于学生建构自己的知识体系。"学生在物理学习之前对某些事物的认识一般停留在经验层面，这种"前概念"

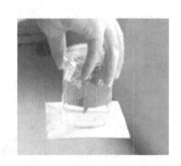

图1-2-2

一旦与新的认识产生矛盾，便会产生强烈的认知需要，学生的思维随之活跃起来。在"大气压强"的教学中，教师通常做的"覆杯实验"就是一个能使学生产生强烈的认知冲突的典型实验，如图1-2-2所示。我们可以用皮亚杰的认知发展理论中的"认知不平衡"观点谈谈这个实验：受生活经验影响，学生头脑中原来有一个"图式"，即纸不能支撑水。假如水掉下来，则原图式不变，这是一个"同化"过程。但学生观察到的却是另一种情况：水没有掉下来，于是认知冲突便形成了，也就是原图式被打破了，此时学生的思维活动便迅速被调动起来，进行新图式的建立，这是一个"顺应"过程。在这个过程中，"大气压存在"的物理观念便形成了。

要引起学生的思维活动，通常的做法是"形成差异"。我们通过"探究凸透镜成像规律"的两个课堂教学案例探讨一下这个问题。

案例1：复习旧课。放大镜、投影仪、照相机等仪器中，所成的像有的是放大的，有的是缩小的，有的是正立的，有的是倒立的，凸透镜的成像规律是什么？

案例2：教师出示一个用LED制成的东方明珠塔，要求全班同学用凸透镜接收它的像。学生能观察到所成的像是倒立缩小的，但同时也会发现，教室前面和后面的同学所成的像的大小不同。随后，教师演示用凸透镜和大光屏形成倒立放大的像，让学生进行对比观察。

案例1中，教师以复习旧课的方式，引导学生回忆上一节课学习过的三种仪器的成像特点，以此激发学生进一步探究凸透镜成像规律的愿望。但这种设计难以让学生发现物理问题，主要原因是这三种器材差异过大，学生的关注点可能集中在其外观和功能上，而且影响凸透镜成像变化的一些重要因素并没有呈现出来，也就难以让学生真正发现问题了。案例2中，教师让学生亲自操作，观察成像情况，通过对比不同物距的情况下所成缩小的像的差异，通过对比教师成放大的像与自己成缩小的像的差异，学生很自然地提出问题：为什么同一个物体所成的像会有如此大的差异呢？这是学生认知内驱力的生成过程，是整个科学探究活动的开始。

三、如何提高实验教学效率

（一）依据课标，正确定位

如前述，实验的形式有多种，教师必须结合教学实践，采取适当的实验形式进行教学，这样才能既保证教学的有效性，又保证教学进度的正常。根据课标的要求，某些探究活动的目标是针对知识的获得，而非过程，因而探究活动的定位应当回归"验证"属性。如"密度"的教学，课标要求是"通过实验，理解密度。会测量固体和液体的密度。能解释生活中与密度有关的一些物理现象。"课标明确表示，教学最终目标是让学生理解密度的概念，获得这个概念的方式是"通过实验"，至于这个实验的方式是"探究式"实验还是"验证式"实验则不是课标的硬性规定。如人教版所设计的实验表述为"探究同种物质的质量与体积的关系"，但实验的引言则是这样的："如果两个物体由同种物质构成，若一个体积是另一个的2倍，质量也会增加到原来的2倍吗？也就是说，同种物质的质量与它的体积成正比吗？"这个引言的表述已将这个实验定位为验证性实验。因而教师在设计实验时，不需要大费周章地进行过度的引导猜想、设计实验等铺垫活动，而应直奔主题，让学生尽快通过实验得出数据，凭数据分析建立密度概念。

（二）分组实验，共享数据

探究性实验是在获得数据的前提下，通过分析数据归纳出结论的，这个过程中，数据的有效性和数据量都会对结论的可靠性产生影响。从探究性实验的性质上看，实验结论的得出有非常大的不确定性，因而所需要的时间也是不可预见的。如果教师不加控制，就会对教学的完整性造成影响，不利于知识的形成；如果教师强行缩减探究时间，探究实验则流于形式，有形无实。采用数据共享的策略，既能让学生经历整个探究过程，又能发挥集体力量，使结论的得出更具普遍性。如在"探究电流与电压的关系"实验中，教师可让不同实验小组测量不同阻值的电流值和电压值，根据每个小组的数据可以得出同种阻值的电压与电流的比值相同，但不同小组得出的比值不同。教师要实现数据共享，必须要利用表格和图像把各小组的数据集中呈现，如在同一图像中呈现若干条过原点的直线，则关于电阻的两个重要结论即可生动呈现：过原点直线表示同种电阻电流与电压成正比；直线斜率不同，表示不同电阻电流与电压的比值不同。教师在实际教学中，不一定能采用图像法对结论进行呈现，这是出于时间方面的考虑。为了解决效率问题，教师可以采取信息技术的方法，如利用电子表格生成图像的方式，让各小组输入数据，生成图像。

（三）设立"真问题"，开展深度学习

教学要力求避免为实验而实验，如果学生对行将进行的实验的目的和意义认识不深，则其实验行为可能会只停留在完成教师所布置操作任务的层面。如果实验未能驱动学生的认知，学生的注意力必然无法集中到实验学习当中，实验有效性将大打折扣。因而任何一个学生实验的开展，都要经历一个认知驱动的过程，而提高认知驱动的有效性，应当从"真问题"开始。这是一种"抛锚式"学习，由于学习方式立足于问题的解决，会在特定问题上花费时间，因而教师在教学中必须建立学习迁移的理念，引导学生深入学习。

在"探究同种物质的质量与体积的关系"的教学引入部分，教师所提的问题一般有"铁比木重吗？""如何判定这个硬币是不是纯金做的？""这两块金属哪块是铁？哪块是铝？"等等。这些问题的设计目的是让学生认识到不同物质之间的密度属性差异，从而引出密度的概念。但很多教师会紧接着让学生总结铝块的质量与体积的比值关系。这种多重问题驱动的教学设计很容易让学生思维出现混乱。为了让学生的思维集中于一个问题，教师可以创设一个单一而真实的情境，从而提出一个有价值的"真问题"。如：工地上有一块边长为2米的正方体花岗岩石块，现有一台最大起重量为20吨的起重机，请问它能否把这块石块吊起？现提供边长为2厘米的同种花岗岩、天平、刻度尺等，请问能否利用这些器材做判断？围绕这个问题，学生将会展开猜想，他们会猜想质量与体积成正比的关系，但这个猜想需要验证。此时教师向学生提供不同体积的规则石块，让学生测量其质量和体积，通过表格、图像等把质量和体积的定量关系表示出来。这种教学设计必然会花费大量的教学时间，但这个过程能很好地使学生理解密度的真正意义，是一种深度学习。当以石块作为事例进行了深入探讨以后，教师便可以采用其他物质——如铝块、木块等进行类似的探讨，但这些探讨没有必要再做实验，原因是再做也是重复操作，何况时间上不允许。教师宜采用一些现成数据，在原来石块的"质量-体积"图像上画出其他物质的"质量-体积"图像，然后分析图像所反映物质属性的意义。这是利用迁移法进行教学，是一种深度学习的方式。

（四）着力培养实验设计能力

经历设计实验与制订计划的过程是实验教学的基本要求，而落实这个过程的前提是学生必须明确探究目的和了解设计实验与制订计划的意义。如果这个过程落实不充分，让学生过快进入实验操作阶段，很可能导致学生实验时无从入手。在开展实验设计与制订计划教学中，教师要注意以下几个方面：

一是要全员参与。要求全班每位学生自己设计实验。为了保证全员参与，教师提出的问题必须在学生的认知能力范围之内，并且给予足够的提示。要鼓励学生通过阅读、研究所提供的器材、小组相互交流等方式，对实验设计进行深入讨论。教师要对学生所提的方案进行适当的引导，对学生的创造性设计进行鼓励，循序渐进地培养学生的设计能力。

二是器材要有可操作性。教师为学生提供的实验器材必须能达到预设的实验效果，器材质量要过关，测量工具要准确。为了培养学生的发散思维，教师可以增加器材给学生选择，避免学生思维固化。

三是要有展示过程。对学生的实验设计和制订的计划，教师必须及时评价，尽量避免学生在设计错误的情况下进行实验。评价方式分两种，一种是让学生讲解实验设计思路，可以让学生上台汇报个人或小组的实验设计，利用这种方式让全体学生对实验设计取得共识。另一种方式是表格设计。如果学生能设计好一个数据记录表格，基本就可以说明学生对实验原理和步骤理解到位。近年来，不少中考题目通过对实验记录表格的考查来评价实验教学质量。

案例3：（2018年广东省中考题节选）利用太阳光测量两块凸透镜的焦距，请在图1-2-3中的虚线框内设计测量焦距的实验记录表格。（物理量和单位均可采用文字或符号说明）

图1-2-3

案例4：（2019年广东省中考题节选）纠正错误后，依次更换定值电阻，并控制定值电阻两端电压为2.5 V进行实验，请将记录实验数据的表格（表1-2-1）补充完整。

① $U=$ _____V。

表1-2-1

实验序号	1	2	3	4
② _____	20	15	10	5
③ _____	\	\	\	\

四、如何进行实验创新

不同的实验教学形式对学生素质的培养目标有所不同，分组实验在合作学习方面具有明显的优势，能有效提高学生的协调能力和团队合作精神；验证实验能快速有效地让学生理解和巩固知识，在实验操作和掌握实验基本技能上有明显的优势；探究实验则是新课标特别强调的一种学习方式，要求学生"通过参与探究活动，学习拟订简单的科学探究计划和实验方案，有控制实验条件的意识，能通过实验收集数据，会利用多种渠道收集信息，有初步信息收集的能力。"真正落实科学探究，是培养学生创新精神和实践能力，全面提高学生素质的重要途径。

在新课程理念下，实验教学在物理教学中的作用已超出了知识建构的层面，在培养学生的物理学习兴趣，培养动手能力方面，都具有非常重要的作用。教师在开展实验教学的过程中，会遇到诸多问题，如学校实验室所提供的器材不适合现在的教学；生活中有不少新物品更能揭示物理原理，对教材中提供的实验器材可以起到替代作用；某些原来只能用于演示的实验，经过改进后可以用于学生实验，利于学生的注意力、观察力等能力的培养等。因而，在初中物理课堂教学中，推动实验创新，是优化教学的一种重要途径。

（一）保证实验的科学性

实验创新首先要保证实验的科学性，不能为创新而创新。某些实验表面看上去非常直观，但却违背了科学的本质，这是不可取的。如在研究电流的热效应实验中，传统做法是两个烧瓶中装上质量和初温相同的煤油，将阻值不同的电阻丝分别安装在烧瓶中，把两电阻丝串联通电，通过温度计示数比较电阻丝放出热量的多少。这个实验有一个不足之处，就是装置制作不方便，煤油异味大，不便于携带。人教版新教材已把这个装置改成两个透明容器中密封着等量的空气，U形管中液面高度的变化反映密闭空气温度的变化。这个装置通过空气代替煤油，U形管代替温度计，使实验装置的简易性、便捷性和可视化水平大大提高，这是一个非常好的创新实验。但有的教师还是不满足于此，为了把简易性再度提高，把一种"变色测温纸"直接粘贴在电阻丝上进行比较。这种"变色测温纸"的工作原理是随着温度的变化，测温纸颜色发生变化，从而可以对温度进行比较。然而这个实验却存在科学性的错误，原因是测温纸不能反映放出热量的差异，只是显示了电阻温度的差异，测温纸所粘贴的位置、面积以及两电阻散热情况等因素都会对实验结果产生影响。

（二）追求实验的简易性

（1）从教师教学的角度看，简易实验可能起到减轻负担的作用。

如为了说明人的呼吸与大气压的关系，通常的做法是利用如图1-2-4所示的装置进行演示。这个装置固然能模拟人的肺部、气管、支气管、胸廓、膈等器官，但要制作它需要的材料比较多，且气密性不高。作为物理教学，我们要说明的是大气压与呼吸的关系，而非人体结构，因而可以采取更简化的手段进行实验设计。可以先把一个矿泉

图1-2-4

水瓶挤压排出部分空气，再把一个气球放进瓶中，气球嘴反扣在矿泉水瓶口，当减小对矿泉水瓶的压力后，瓶中的气球便膨胀起来。改变对矿泉水瓶的压力，可以看到气球的大小发生明显变化。这个实验能非常直观地反映大气压与

人体呼吸的关系，其最大的优点则是简易性强，对于教师而言，仅用两个常用的器材便可以制成，制作步骤简单，成功率高，既可设计成演示实验，也可设计成学生实验。

又如，人教版初中物理八年级下册第九章第3节"大气压的测量"，教材提供的实验是这样的：在铁桶内放少量的水，用火加热沸腾之后把桶口堵住，然后浇上冷水。在大气压作用下，铁桶被压扁了。这个实验以演示的方式向学生展示了大气压的存在以及大气压的强大，但必须承认的一点是，铁桶取材不方便，实验完成后铁桶无法复原，造成实验器材的浪费。其实铁桶完全可以采用其他物品替代。可以先向塑料矿泉水瓶中加入少量热水，随后倒掉，盖上盖子，稍等片刻，矿泉水瓶逐渐变瘪。这个实验同样可以向学生演示大气压存在的事实。

以上实验以简易性为原则对传统实验进行优化，对教师而言，可以大大减轻工作负担，而工作负担的减轻也意味着教师可以有足够的精力和资源把演示实验变成学生实验，从而更好地培养学生的观察能力、动手能力。

（2）从学生角度看，简易实验能突出物理原理，减少不必要的情境干扰。

为了说明分子间存在引力，人教版教材建议的实验是：把干净的玻璃板吊在弹簧测力计的下面，读出测力计的示数。使玻璃板水平接触水面，然后稍稍用力向上拉玻璃板，观察测力计的示数有什么变化。诚然，这个实验已非常简易，但对于学生而言，还需通过弹簧测力计的读数来表示所受力的变化。作为揭示分子力存在的实验，只要能让学生认识分子力存在的定性结果即可，因而我们还可设计一个更为简易的装置：把一张扑克牌的一半放在空杯口上，把一枚硬币放在扑克牌另一端，扑克牌因受力不平衡而向硬币方向倒下。当把杯子装满水后，重复以上操作，发现扑克牌没有倒下。学生很自然地认识到能让扑克牌平衡的力来自水分子的引力。这个实验既能充分说明分子力的存在，还充分体现了实验的简易性，在突出物理原理的同时，把情境干扰减到最小。

（3）降低教学成本，丰富学习资源。

按照简易性原则和思路，我们可以把实验的成本降低，从而实现从演示实验到学生分组实验的转变，以提高学习资源的丰富性，更利于培养学生的观察力和注意力，提高知识建构的有效性。例如教师通过配制一定浓度的盐水，使鸡蛋处于悬浮状态，然后以加盐或加水的方式，使鸡蛋实现浮沉。由于鸡蛋体积大、成本高，教师要把它设计成分组实验有一定的难度。但如果把鸡蛋换成鹌鹑蛋，便把实验成本大幅降下来，使分组实验成为可能。

同样的情况，让学生认识轮船原理，可以用铝箔纸做实验：先把铝箔纸折好放在水中，由于铝的密度大于水，因而在水中处于下沉状态。若把铝箔做成船形，便能浮在水面上。相比橡皮泥，用铝箔做实验的优势在于它是一种金属材料，其密度与水差异明显，学生能充分认识到密度比水大得多的铝通过形状的变化实现了浮沉，从而认识排水多少与浮力的关系。

（三）提高实验的直观性

实验的简化在很大程度上是为了使实验更加直观，从而使学生获得对物理现象的感性认识，帮助学生形成概念、掌握规律和运用物理知识。如图1-2-5所示，让学生观察试管中的水和油。对于油浮于水的上方这一现象，学生一点都不陌生，我们在喝汤的时候也会观察到油浮于汤面的现象，结合所学习的浮力知识，学生很容易联想到物体的浮沉与密度的大小有关。但要让学生认识其他液体的密度，则可以采取这样的方法：把酒精和油混在一起，静置一段时间后，可发现油沉于底部。这个实验非常直观地让学生感受

图1-2-5

到油并不是永远浮于液体表面的，学生也以油作为参照物质，知道酒精具有密度"比较小"的特性。

在阿基米德原理的教学中，教师为了向学生演示"物体排开液体的体积越大，它所受的浮力就越大"的现象，会把装满水的烧杯放在盘子里，再把空的饮料罐按入水中，在手感受到浮力的同时，会看到烧杯中的水溢至盘中。这个实验其实也比较直观地反映了浮力与排开液体体积之间的定性关系，但这个实

验仅限于学生实验，因为浮力的大小要通过学生的手直接感受。能否改良一下实验，让学生通过视觉方式比较浮力大小呢？有教师把实验改良如下：在气球中装一块铁块，利用一条软管把气球与注射器相连。把气球放在水中，用注射器抽走空气，气球体积变小，在重力的作用下在水中下沉；用注射器向气球打气，气球体积变大，因浮力大于重力而上浮。此实验把浮力的大小与浮沉状态以可视化方式进行演示，在课堂教学中既可作为学生实验，也可作为演示实验使用，实验直观性得到进一步加强。

直观性原则不仅仅体现在教师对实验的设计上，更体现在教师对实验资源的提供方面。在初中物理教学中，经常会提及一种物质——干冰。观察干冰的意义非常大：其一，干冰升华过程，可让学生体会物质从固态到气态直接变化的过程，这在日常生活中是难以见到的；其二，干冰本身温度较低，学生可观察到其表面凝结了大量的霜，这就是水蒸气凝华的过程；其三，干冰周围的空气较冷，因此会出现水蒸气液化现象，所形成的白气向下沉的情况也非常明显。如何组织学生观察干冰呢？一般而言，学生实验室是无法提供干冰的，因此，教师可网上购买。在使用时要注意安全，如不可让干冰直接接触学生皮肤，不可把干冰装在密封容器中等。教师在教学过程中，为了让学生得到更多观察体验，应当尽可能向学生提供学习资源。

（四）增加实验的趣味性

要增加实验的趣味性，可以从操控性和互动性两个方面着手。

操控性是指人对物的控制。学生的行为动作如能引起某些现象发生、变化，学生的好奇心便会得到满足。在流体压强和流速的关系实验中，教师利用名为"仙女散花"的装置进行实验，如图1-2-6所示。在一纸箱里装上一些小纸屑，把一根洗衣机排水管的一端放在纸屑上方，摇动另一端，使它在水平面方向快速做圆周运动，此时会发现纸屑从排水管的上端管口飞出来。这个实验之所以具有趣味性，主要是因为它具有可操控性，学生可以通过操控排水管实现纸屑从下向上的运动，从而激发学习的兴趣。

类似的实验还有如图1-2-7所示的装置。把透明塑料管弯成U形固定在竖直的平板上，把气球放进管中，使球能在管中自由运动。用电吹风向塑料管的其中一端吹气，调整风向，可使气球在不同的方向运动。这个实验同样因为操控性强而显得非常有趣，很容易激发学生的求知欲望。

图1-2-6 图1-2-7

互动性是指人与人之间的合作交流。在物理课堂教学过程中，互动性实验能提高学生参与度，在集中注意力、调节课堂气氛、提高知识建构效率等方面起到重要作用。如在电阻的教学中，教师会利用金属等导体向学生演示其导电性。金属导体较常见，学生对它的导电性不会有任何质疑，但对于人体能够导电这种性质，学生一般没有体会。教学中如果用人体把干电池和小灯泡进行连接是无法使灯泡发亮的。有种自带蓄电池的LED应急灯泡，使它发光所需的电流非常微弱，因而只要把手指跨接在其两极，灯泡便变亮。教学过程中，可安排几位学生上台，手拉手形成导线把灯泡点亮。这个实验所需的器材虽然简单，但互动性非常强，实验效果非常好。

（五）强化实验的体验性

教学中，演示实验是教师最常用的一种实验方式。这种方式有利于集中学生注意力，便于教师对教学内容进行系统讲解，节省教学时间。但对于某些难度较大的概念，仅靠演示实验这种接受式教学方式，未必能达到最佳教学效果。教师可以设计一些体验性实验，使学生在视觉、听觉、触觉等多种感觉同时作用下认识物质的性质及变化规律，从而促进学生发现问题，把形象思维转化为抽象思维，形成准确的概念和规律。如在压强的教学中，可以设计如图1-2-8所示的实验。取一根长约40 cm的包装绳，把绳两头打结，挂在前臂上，在绳子下方挂上若干个钩码，调整包装绳的宽度，让学生感觉手臂在相同压力不同受力面积的情况下的痛感。这个实验的优点在于：压强可通过学生的痛觉直接感受；实验简洁，能使学生最大程度地关注影响压强的两个因素。在教学中，加入这项体验性实验，不仅可使课堂的趣味性增强，学生对压强概念的理解也得到进一步加深。

图1-2-8

第三节　复习设计优化

复习课是根据学生的认知特点和规律，在学习的某一阶段，以巩固、梳理已学知识、技能，促进知识系统化，提高学生运用所学知识解决问题的能力为主要任务的一种课型。复习课是初中物理教学中的一种重要课型，开展复习课教学优化研究，对提高学生物理知识的学习质量意义重大，对发展学生核心素养，尤其是在强化学生物理观念、科学态度和责任两个方面非常重要。

一、复习课的类型

复习课的主要类型一般包括：单元复习、专项复习、综合复习。单元复习是以章为单元进行的复习，它主要是以课本内容为载体，以基础知识为主体，对学生所学的章节内容进行浅表性的复习，在复习过程中主要以回顾知识为主，适当拓展加深，为学生的综合性学习打下基础。这种复习主要应用在八年级和九年级上学期的教学活动中。专项复习是针对学生在学习中普遍存在的一些问题或课程标准中的一些重难点问题而设计的一种针对性比较强的复习，如动态电路和故障电路的分析、运用等效替代法的实验分析、多挡位电学计算题的分析、电路短路问题的分析等。这种复习一般应用在九年级下学期第二阶段的复习活动中。综合复习是由若干节课组成的课群复习，或者某个阶段性复习的过程，例如九年级第一阶段复习，内容一般比较全面，既有基础性也有综合性，复习注重提高学生综合运用知识和应用知识解决实际问题的能力。

二、复习课的功能

在物理课堂教学活动中，进行复习活动的目的是引导学生有效地回顾所学，重构知识网络，同时对重点内容和学生的疑难问题进行分析，通过有针对性的练习和测评对复习的结果进行评价与反馈，达到融会贯通的目的。具体而言，复习课的功能主要体现在以下几个方面。

（一）查漏补缺，及时回顾

学习效果的好坏很大程度上取决于人的学习专注力和学习习惯。课堂教学中，真正能专注于学习问题的观察、思考和解决的学生并不多，大多数学生在学习活动中往往存在各种学习困难，要么是不善于观察，要么是不善于思考，更多的是不会应用知识解决实际问题。这部分学生的学习效率往往会伴随着大脑遗忘的来临呈现出逐级下降的迹象。这时我们就必须对学生的学习进行强化和刺激，适时地进行查漏补缺，对学生的学习进行积极肯定和认同就是一种有效的知识强化方法。

具体可以采取组题复习法和校对复习法。比如，当我们在复习过程中发现学生在某个知识板块中出现知识型的缺漏，就可以有针对性地组一些基础性的题目，以反复强化的方式加深学生对这一板块知识的记忆；如果是能力型的缺漏，我们就必须针对这一板块知识的特征，提出相应的问题，以"问题为导向"，逐渐引导学生分析和解决问题，并通过拓展性题目巩固和深化学生对知识的理解。

（二）构建知识网络，形成知识技能

学生在新课的章节学习中获得的知识往往是某一知识板块里面的一节内容或者是某个知识片段。从时间的角度来看，这些新授课的知识是割裂的，那么如何使知识形成完整的网络体系，内化成学生的知识技能呢？这时，我们就必须引导学生对学习的知识定时地进行单元复习，回顾勾连并适当地进行拓展加深。具体可以通过"结构图、流程图、树型图、知识表格"等思维导图的形式展开复习，让学生清楚地了解在章节的新课学习中究竟学了什么，所学的知识

之间存在着怎样的联系。

（三）巩固深化，拓展应用

学习的最终目的是形成良好的思维能力，形成运用所学知识去解决问题的能力和分析问题的能力。但是在新授课中，学生所学到的知识往往是浅表性的概念、公式、定理、定律，这些是概括性的、抽象性的知识，与实际生活的关联并不大，甚至有些还跟我们的"理解""相悖"。那么如何引导学生把这些浅表性的知识深化，让它们内化成学生的能力，并应用在实际生活和社会生产活动中呢？这就要求学生必须对知识进行专项复习和综合复习，以达到拓展深化的目的。这些复习课如果继续采用传统的再现型复习、思维导图等低阶型的复习方式，显然是无法达到目的的。这时，我们应该采用发展型的复习方式，以发展学生的思辨能力、综合解决问题能力、横向理解能力和知识迁移能力。

例如：采用"问题导向"的层阶式复习，学生和老师对问题进行不断探讨，在探讨当中不断发掘潜在的知识，学生的思维活动不断呈现层阶式上升的状态，复习的内容就随着学生思维的进阶始终处于一种发展的状态，最终达到知识拓展深化、巩固应用的目的。

三、复习课的现状

当前，初中物理教师在复习方式、复习策略和对复习的关注度等方面的状况都不容乐观。于晓翠老师在对初中物理预习和复习现状的调查与分析中发现，51.23%的教师不会选择多种方式引导学生进行物理的复习，说明大部分教师依然采用传统的复习方式，学生会感觉枯燥，影响复习效果。有79.88%的教师不能根据学生学习情况分层引导学生进行物理的复习。78.25%的教师偶尔关注学生的复习进度，0.89%的教师完全不关注学生复习的进度[1]。传统的课堂复习模式，教师总是担心学生掌握不了全部知识，因此常常采用填鸭式的教学方法，课堂40分钟，不停地讲，不断地重复已学过的知识内

---

[1] 于晓翠. 初中物理预习和复习现状的调查与分析 [D]. 乌鲁木齐：新疆师范大学，2019.

容。这样的做法使课堂枯燥乏味，学生很快会厌倦疲惫，课堂效率低下，教师也会觉得身心疲惫。因此，教师在进行备课设计的时候必须做好充分的教学准备，收集足够的与课堂复习内容相关联的生活素材，把它开发成能引起学生共鸣的"导向式问题"。这样，我们的复习课堂不仅不会枯燥乏味，反而会显得生动活泼。

四、基于"问题导向"的层阶式物理复习课

针对传统复习课出现的弊端，我们提出基于"问题导向"的层阶式复习课。这种复习的模式以夯实学生基础为依托，以"问题"为线索，以"探索问题""解决问题"为目的，通过不断激发学生复习中的"兴趣点"，逐渐拓展深化，逐层深入，让学生在复习课中始终保持良好的状态，实现对所学知识的"再加工"，让学生的知识能力和思维能力得到层阶式的提高。

（一）两种教学案例设计对比

教学片段1：传统的再现式复习

步骤1：阅读课文，回顾物体的浮沉条件，播放图片，分析物体的浮沉条件。

授课教师甲先让学生阅读课文内容5 min，回顾八年级所学的知识，重构知识，然后通过PPT课件展示图片（图1-3-1），对物体的浮沉条件进行分析。

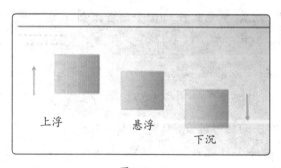

图1-3-1

师：把木块摁入水中，它会怎样呢？当它静止时会处于什么状态呢？

生：木块会上浮，因为浮力大于重力，最后木块会漂浮在水面上。

师：当木块漂浮在水面时，浮力跟重力有什么关系呢？

生：浮力等于重力，此时物体受力平衡。

师：如果把石头放入水中，放手后，石头会怎样呢，为什么？

生：石头会下沉并最终沉没在水底，因为浮力小于重力。

师：有没有一些物体，它会悬在液体内部某个位置既不上浮也不下沉呢？

生：（思考片刻，经过教师提醒后）潜水艇潜在水中时，浮力等于重力。

师：很好，以上说明物体的浮沉是由浮力和重力的关系决定的，我们可以用力的示意图法，把物体在水中的这几种情况表示出来。

步骤2：播放图片，分析物体密度与液体密度的关系对浮沉的影响。

授课教师甲通过PPT课件展示鸡蛋在清水和浓盐水中的浮沉情况，引导学生分析"盐水浮鸡蛋"的原因。

师：将鸡蛋分别放入清水和浓盐水中会出现什么情况？鸡蛋的密度和两种液体的密度之间存在什么样的关系？请大家讨论分析后回答。

生：鸡蛋在清水中会下沉，鸡蛋的密度大于清水的密度；鸡蛋在浓盐水中会上浮，鸡蛋的密度小于浓盐水的密度。

师：如果鸡蛋悬浮在浓盐水中，鸡蛋的密度和浓盐水的密度有什么关系呢？请运用学过的浮力知识推导出来。

（经过若干分钟的运算后提问学生公式的推导过程）

$$
\begin{aligned}
&\text{悬浮时：} V_{\text{排}} = V_{\text{物}} \\
&\text{浮力：} F_{\text{浮}} = \rho_{\text{液}} g V_{\text{排}} \qquad \text{重力：} G = \rho_{\text{物}} g V_{\text{物}} \\
&\therefore \rho_{\text{液}} g V_{\text{排}} = \rho_{\text{物}} g V_{\text{物}} \\
&\rho_{\text{液}} = \rho_{\text{物}}
\end{aligned}
$$

图1-3-2

最后，由学生或教师总结物体的浮沉条件，然后通过相应的练习题进行巩固训练，学生完成练习后通过PPT课件展示答案。

教学片段2：基于"问题导向"的层阶式物理复习课

步骤：授课教师乙通过PPT课件展示与物体的浮沉相关的一些生活图片，把物理与生活联系起来，以情境引思，以问题为导向，构筑知识创生的基础。

师：同学们，生活中我们都见过煮汤圆的过程，请根据这一情境思考以下2个问题：

（1）汤圆刚放入水中时，为什么会沉入锅底？

（2）汤圆煮熟时，为什么又会浮出水面？

请同学们利用2分钟时间讨论一下：是什么原因导致汤圆的浮沉情况出现变化？

生：（经过讨论后）汤圆煮熟时，体积变大，排开水的体积变大，导致浮力增大，当浮力大于重力时，汤圆就会上浮了。

师：这说明物体的浮沉是由什么因素决定的呢？

生：物体的浮沉是由浮力和重力的关系决定的。上浮时，浮力大于重力；下沉时，浮力小于重力。

师：很好，下面请同学们前后4人作为一小组，利用5分钟时间回顾所学，完成图1-3-3中关于物体浮沉条件的知识网络。

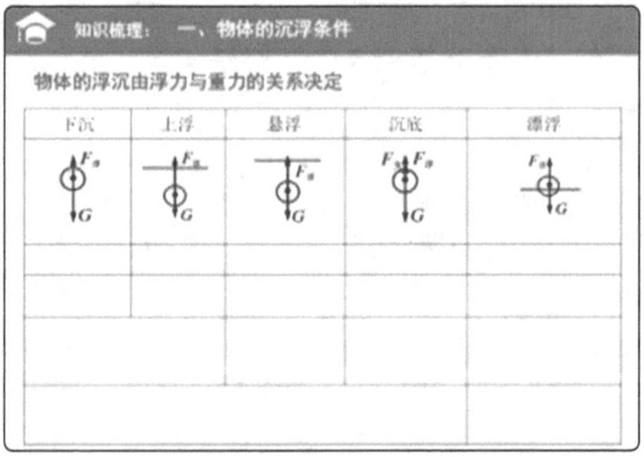

图1-3-3

（教师在学生讨论回顾知识网络时巡堂指导，指导学生逐渐从力学关系、密度关系、受平衡力情况以及 $V_{排}$ 与 $V_{物}$ 之间的关系等方面形成对物体浮沉的认识。）

（5分钟后）

师：好，同学们，下面请展示你们的复习成果。对照PPT上的答案（图1-3-4），更正有误部分。

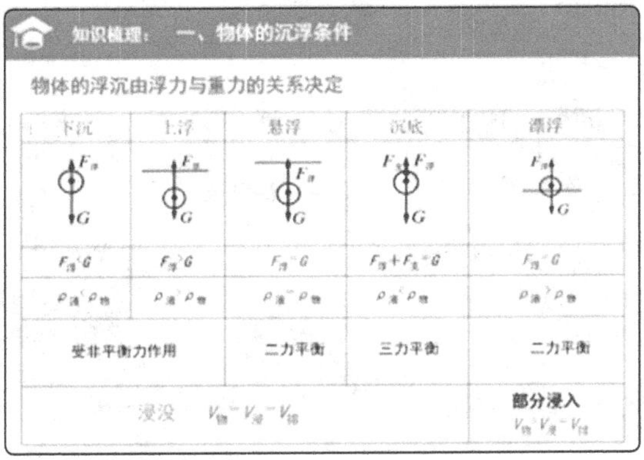

图1-3-4

师：简单分析物体5种浮沉情况的异同点。

师：请同学们根据物体的浮沉条件完成"夯实基础"的例题。

例1：一物体重为20 N，将其全部浸没在水中称时，弹簧测力计的示数为8 N，此时它受到的浮力为_____N，它排开的水重为_____N，松手后物体将_____（选填"上浮""下沉"或"悬浮"），由此可知物体的密度_____（填"大于""等于"或"小于"）水的密度。

（逐层引导，采用层阶式的方法，剖析解题）

师：同学们，通过分析题目，我们是否可以首先把物体受到的浮力求出来？

生：可以，利用称重法，可以求出浮力：

$$F_{浮}=G-F=20 \text{ N}-8 \text{ N}=12 \text{ N}$$

师：根据阿基米德原理，浮力的大小与什么相等呢？

生：$F_{浮}=G_{排}=12 \text{ N}$。

师：这个物体放入水中究竟是浮还是沉，物体的浮沉又应该怎么判断呢？

$F_{浮}<G_{物}$ ——→ 下沉

——→ $\rho_{物}>\rho_{水}$

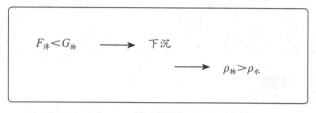

图1-3-5

生：把浮力与物体的重力进行比较，根据浮沉条件的知识得出物体在水中的状态，也可以得出物体的密度与水的密度的关系。

师：很好，看来同学们对物体浮沉的判断已经有了一定的认识，下面请继续完成下面的题目。

例2：把重5 N、体积为6×10^{-4} m^{3}的物体投入水中，若不计水的阻力，当物体静止时，物体处于______（填“漂浮”“悬浮”或“沉在水底”）状态，此时$F_{浮}$=______N，$G_{排}$=______N。

（小组合作，通过小组讨论的形式，熟悉利用层阶式的分析方法解决问题）

$F_{浮}=G_{物}=5$ N

——→ 上浮 ——（最终）——→ 漂浮

$\rho_{物}<\rho_{水}$

——→ $\rho_{物}=\dfrac{m}{V}=0.83\times10^{3}$ kg/m^3

$m=\dfrac{G}{g}=0.5$ kg

图1-3-6

（二）对比研究

1. 基于教材素材的开发研究

在分析物体浮沉条件时，授课教师甲充分利用教材所给的素材，循序渐进地引导学生建立物体浮沉条件的原始模型，待学生了解了物体的浮沉由浮力和重力的关系决定之后，引入教材中"盐水浮鸡蛋"的实验分析，通过公式的分析和推导，建立物体密度与液体密度的关系对浮沉的影响的知识模型。授课教师乙的复习课则基于"问题导向"，通过"汤圆在煮熟前后的浮沉变化"的具体事例，引出学生对物体浮沉进行思考。

两位教师对教材素材的运用各不相同，教师甲是完全遵循教材的指引，但是教材中"盐水浮鸡蛋"的素材仅仅是一个为了研究而硬性设计出来的实验，对于生活的应用不大，真正在生活中是不会碰到的；而教师乙并没有局限于教材的素材，而是跳出教材，把教材上的物理知识与现实生活联系起来，对教材的素材进行了再开发、再创造。

2. 两种复习课模式的课堂差异研究

教师甲的复习课方式几乎等同于新授课，好处是学生重新学了一遍"知识"，但这并不是我们复习课需要达到的目的，学生的知识层次没有得到拓展提高。同时教师讲评的时间过长，虽然学生也跟着一起分析回答，但是留给学生合作讨论分析的时间不多，随着课堂的深入和知识难度的逐渐增大，可能会让学生的大脑皮层出现"休眠"，课堂教学效果可能会呈现"高开低走"的态势。

教师乙的复习课采用"问题导向"的模式，通过看得见、感受得到的"浮"和"沉"的实例，帮助学生建立了"浮沉"的具体模型；通过小组合作分析讨论，学生快速进入课堂思考的状态，在知识迁移中重构知识，通过"你一言我一语"的互补式分析，逐步形成知识体系。接着，教师并没有直接给出物体的浮沉条件，也没有继续引导学生分析，而是给出物体在水中的"5种"不同状态，让学生通过小组合作分析讨论的形式，逐渐从力学关系、密度关系、受平衡力情况以及$V_{排}$与$V_{物}$之间的关系等方面形成对物体的浮沉认识。整个过程教师放手让学生主动去"学"，主动去"思考"，最后通过表格归纳的形式完成对知识网络的构建。这种教学模式通过学生主动思考、自发性地对问题进行研究讨论，使学生的精力和兴致一直保持较高的水平，教师适时给予点评、给予方法指导，课堂教学效果始终维持在一个较高的水平。

3. 简单进行巩固练习和采用"层阶式"分析法夯实基础的差异性思考

在完成知识的复习重构后，我们往往需要通过典型例题的练习，才能达到知识重组、迁移和内化的目的。

教师甲采用的复习模式中，对于巩固练习只是简单地采用了给学生训练，然后通过对照答案，订正所学的形式来达到夯实基础的目的。这种训练方法表面上是留给了学生时间自主学习，但是从学生获取知识的途径和方法上来看，大多数学生无法获得正确的思考问题的方法和规范的解题技巧，导致一碰到难以理解的题目时，即使课堂上已经学过类似的知识，但是缺乏科学的思考解决问题的方法，导致无法下手，无法把知识迁移到解决实际的问题中，所学的知识无法内化成为能力。

教师乙采用的复习模式中，对于习题的分析，他采用的是"层阶式"的分析方法，通过精选一些既典型又契合本节课所复习的内容的题目，逐层引导学生运用所学的知识，建立底层基础，然后再在这个基础上建构更深层次的知识，最后把学生的思维引导到问题的核心上来。这样让学生反复经历运用科学方法去解决问题的过程，最终会促使学生把运用知识解决实际问题的技能内化成为一种个人能力。

基于"问题导向"的层阶式复习理念是一个涵盖教师如何教、学生如何学，教师如何教得好、学生如何学得好的多层面的复习课教学理念。其重点在于"问题导向"，教师在进行复习课的准备过程中必须预先根据复习的内容，做好教学设计，找准学生的兴趣点，让旧知识翻出新味道，这样才能在课堂教学中始终抓住学生的眼球，使学生在复习课中始终保持良好的状态，实现对所学知识的"再加工"。

"层阶式"的分析方法则是解决"问题"的法宝，问题提出来了，如何解决，解决得怎么样，思考解决问题的方法是否科学规范，这是我们在培养学生能力的时候必须思考的问题。所以，我们在课堂复习中必须切实做到知识复习以夯实学生基础为依托，首先形成底层知识基础，逐层深入，经过夯实后，才可以逐渐拓展深化，让学生的知识能力层次逐渐提高，引领学生在学习中发现问题，在发现问题后思考问题，在思考问题过程中找到解决问题的最佳方案，达到让知识内化成为自身能力的目的。

第四节 作业设计优化

作业是教学过程中必不可少的重要环节，是课堂教学的延续，是课内知识的外向扩展。作业既是反馈、调控教学过程的实践活动，也是教师在课堂教学之后用以巩固学生知识、培养学生能力的一种手段。设计、布置、完成以及评价课后作业，不仅能有效地对教学效果进行反馈和检测，提供有效的改善教学的信息；也能进一步帮助教师掌握学生的差异，便于因材施教。作业是课堂教学的补充，为师生的进一步交流提供了舞台。

一、初中物理作业现状

新课改提出要"深化教育改革，全面推进素质教育"，反对过于注重知识传授，提倡发展学生的核心素养，将课堂还给学生。课堂的教学效率有了真正的提高，同时也培养了学生的创造性思维，但是有一个问题不容忽视，即物理作业的改革并没有跟上新课改的节拍，具体表现在以下几个方面。

（一）"题海战术"——盲目辛苦

在新课学习过后，教师喜欢用现成的教辅资料来巩固学生的学习，主张学生多练多得，填鸭式巩固知识。这样一来，学生练习确实多了，但是思考少了，交流少了，负担大了，自然学习的兴趣也会逐渐被消磨，变成重复练习的机器，作业也就失去了它本来应该具有的功能，甚至造成抄袭作业的不良风气。

（二）作业布置"一刀切"——缺乏层次

每个班里学生的学习情况不一样，对知识的理解掌握程度也不一样，如果教师备课忽略了这个问题，"一刀切"，就会造成成绩优异的学生觉得枯燥乏味没有提升，成绩差的同学觉得学习压力大，缺乏自信甚至产生厌学情绪，久了都会失去学习思考的兴趣。

（三）习题教学功能不平衡

教师为了让学生分数更高，成绩更好，增加了作业的布置容量，注重了数量，而忽略了质量。学生没有好好揣摩的机会，对知识的融会贯通和举一反三没有落地，习题的解答缺乏必要的反馈，只完成了做完作业的任务，忽略了教学相长的本质，使习题教学功能不平衡。

（四）远离素质教育

新课程理念要求"从生活到物理，从物理到社会"，注重培养学生的应用和思考能力，让学生可以在熟悉、亲切，愉悦的环境中学习。物理来源于生活，同时也应用于生活，我们学习物理知识的主要目的是用物理知识去解释生活中的各种现象，并运用物理知识去分析各种问题出现的原因，从而找出解决问题的方法与措施。社会要想进步，首先要发展科技，学习物理还有一个很重要的目的，就是灵活运用物理知识去创新，探究未知的领域，使科技发展到一个更高的水平。

二、初中物理作业优化策略

初中生对未知世界充满了好奇，我们可以利用这种求知欲、好奇感来设计丰富多彩的作业，来满足学生的心理，并且达到掌握知识、提升思维能力的目的。具体形式有：①分层布置作业（自选作业），主要是基于学生的不同差异，教师提供因人而异、各取所需的作业。教师可每天提供完成作业的最低标准，然后学生自主选择，也可告诉学生作业的难度层次。②观察性作业，可以是小组的也可以是个人的，比如在学习浮力时，可以让学生在家观察哪些物体可以浮在水面上，感受浮力的大小，再用所学知识解释原理。③操作性作业，比如学习浮力后，让学生利用课堂所学知识做一个浮力产生原因演示仪，培养学生动手动脑的能力[①]。④探索性作业，就是设计实验，让学生在过程中发现物理规律，并用于实践，一般小组合作完成。比如在学习"探究影响浮力大小的因素"之前可以让学生根据上节课所学知识来设计实验，探究影响浮力大小的因素，这样的方式可以让学生对这节课产生极大的兴趣，又运用到了之前所学，这样的学习过程是很快乐的。⑤反思作业，就是按照教师的要求，让学生进行反思，课堂上引导学生反思，课后要求学生在作业中反思，对遇到的疑难和困惑，进行记录，然后理清思路找出解题方法，下次碰到时才不会碰壁。另外，教师还可以让学生整理所学知识，找到学习方法，总结成功和失败的原因，客观地总结自己，增强学习的信心和勇气[②]。

（一）分层作业设计

分层布置作业主要是基于多元智力理论，加德纳认为人的智力不断受到先天和后天的影响，学校教育不只是传授知识，更为重要的是引导学生发展智力，强调人类智力在真实情境中的运用。加德纳的理论为分层布置作业的设计提供了诸多启示。为了让优秀的学生获得更多的发展空间、普通学生得到充分的练习，减少对知识掌握快的学生的作业量，增加对知识掌握程度不够的学生的作业量，我们在分层布置作业的时候根据学生的不同情况考虑到不同的最近发展区来设计难度适合的作业。

练习：

1.基础知识与基本技能

*（1）浸在液体中的物体受到_____力，这个力习惯上称为浮力；浮力的方向总是_____的。

*（2）浸没在液体中的物体受到重力和浮力的作用；如果浮力_____重力，物体就会上浮；如果浮力_____重力，物体就会下沉；如果浮力_____重力，物体就会在液体中处于_____状态。

---

① 李永春.初中物理实验探究教学设计策略［EB/OL］.北京：人民教育出版社，2010.
② 梅冬.新课标下物理作业的布置［J］.南昌教育学院学报，2007（3）：3.

★（3）潜水艇是靠＿＿＿＿实现上浮或下沉、悬浮的。潜水艇两侧有水舱，向水舱里充较多的水时，由于重力＿＿＿＿浮力，它会逐渐下沉潜入水中；当充入一定量的水，使重力＿＿＿＿浮力时，它就可以悬浮在水中；当用压缩空气将水舱里的水排出较大部分时，由于重力＿＿＿＿浮力，它就会上浮到水面上。

2. 知识的应用

★★（4）判断下列说法正确与否。

① 体积相等的物体，在液体中受到的浮力也相等。（　　　）

② 浸在液体中的物体，它的下表面受到的向上的压力越大，受到的浮力越大。（　　　）

③ 物体在液体中受到的浮力与液体的密度和物体的体积有关。（　　　）

④ 一艘潜艇，在海里潜行和在河里潜行，受到的浮力是不相等的。（　　　）

⑤ 上浮的物体受到的浮力不一定就大，下沉的物体受到的浮力不一定就小。（　　　）

⑥ 一个物体受到的浮力等于它的重力，该物体可能是悬浮的，也可能是漂浮的。（　　　）

★★（5）如图1-4-1所示，一个木块浮在容器中的水面上。设想将木块露出水面的部分切去并取走，那么（　　　）。

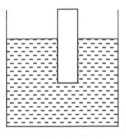

图1-4-1

A. 剩下的部分木块会下沉，水对容器底的压强增大

B. 剩下的部分木块会上浮，水对容器底的压强减小

C. 剩下的部分木块不上浮也不下沉，水对容器底的压强不变

3. 知识的拓展

★★★（6）甲、乙两个实心球分别由不同的材料制成，质量相等，甲悬浮于水中，乙漂浮在水面上，由此可以判断（   ）。

A. 甲的体积小于乙的体积

B. 甲的密度小于乙的密度

C. 甲受到的浮力小于乙受到的浮力

D. 甲浸在水中的体积小于乙浸在水中的体积

★★★（7）把一块石蜡的底部磨平后置于烧杯底部，使它们之间密合（图1-4-2），用手按住石蜡将水缓缓倒入烧杯中，直到水面淹没石蜡块后放手，则（   ）。

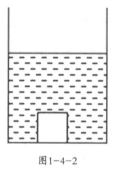

图1-4-2

A. 由于石蜡块的密度比水小，所以石蜡块会上浮

B. 由于石蜡块受到水的压力是向下的，所以石蜡块不会上浮

C. 由于石蜡块受到的摩擦力大于浮力，所以石蜡块不会上浮

D. 由于水对石蜡块没有压力，所以石蜡块不上浮

★★★★（8）现有天平（含砝码）、量筒、小塑料块（能放入量筒中；不吸水；密度小于待测液体的密度），只用这些器材测定未知液体的密度。

要求：①写出主要实验步骤；②写出计算液体密度的表达式。

★代表题目的难易程度，越多表示越难，根据学生的情况不同要求学生完成必须完成的作业，然后再自主选择要不要完成稍难一点的作业。这份练习题在问卷调查的学校的三个不同层次的班级、不同层次的学生中实施过，从学生完成的情况和反馈的效果来看，基础较差的同学能够完成第一部分，大大增强了学习物理的信心，虽然稍难一点的题完成起来仍有困难，但是不会拒绝或者放弃，大部分同学会在老师讲解过后完成。成绩较好的同学完成情况良好，大部分同学认为作业层次丰富，体现难易程度，完成起来有很"满足"的感觉。所以总体而言这样分层布置作业的方式还是比较容易实现的，效果也还不错。

（二）实践性作业设计

我们可以将前文提到的观察性作业、操作性作业和探索性作业归结到实践性作业中，这类作业可以采用小组合作的方式让学生完成，也属于物理作业的表现性评价的内容。表现性评价是一种新的评价方法，它能较好地评价学生的实践操作能力和解决问题的能力，使教学具有现实意义。

练习：

小组成员：用夹子夹住一木块，使其完全浸没在水中，处于静止状态。观察：当夹子移开后，木块的运动情况如何？最终木块将怎样？木块上浮的过程中所受的浮力将怎样变化？结合以上实验，学生根据所学知识和生活经验讨论：

（1）浮力大小可能与哪些因素有关？提出你的假设并说明理由。

（2）借助身边的实验器材，设计实验方案验证你的假设。

（3）进行实验，选用恰当方式处理实验结果。

（4）你的结论是什么？

学生采用小组合作方式完成实验作业，观察操作得出结论。这类作业可以提高学生的学习兴趣，给了他们很大的发挥空间。

（三）反思性作业设计

反思性作业主要是指学生通过完成课后作业对本节课知识的反思，也表示教师对其作业评改过后学生的反思。这类作业除了学生自己要主动完成之外，教师也可以按情况布置反思性作业。

练习：

揭示浮力产生的原因是一个重、难点。可请同学回顾做过的一个旧实验：六个面扎上橡皮膜的空心正方体，当它浸没在水中时，六个面的橡皮膜均向内凹进，而且前后左右面凹进的程度相同，而下表面比上表面凹进的程度要大。引导学生密切联系原有的液体压强与深度的关系，二力合成、二力平衡等知识，通过由浅入深分层次的分析，把突破难点的过程变成巩固和加深对旧有知识理解应用的过程，变成培养学生分析能力的过程。由学生归纳总结出浮力等于物体受到的向上和向下的压力差，最后再用如下演示实验加以验证：

（1）将石蜡投入装水的烧杯中，观察其受到浮力是否上浮；

（2）将石蜡放在另一烧杯底使其和杯底紧密接触，沿杯壁缓慢注水观察其是否上浮，从而通过实验证明前面理论分析得到的结论，并指出这也是物理学研究的方法：从实践到理论，再用理论来指导实践。

这样的反思性作业不一定要在课后完成，也可以在课堂上由教师和学生一起完成，教师可以给予学生正确的引导，学生反思自己之前可能错误的想法。

三、初中物理作业优化编写案例

光力电综合复习作业

作业编写细目表见表1-4-1。

表1-4-1

题目序号	作业知识内容	作业目标	能力要求	题型	完成方式	难度	预估时长
1	光、力学	理解压强，了解流体压强，知道平面镜成像特点和应用，运用速度公式进行简单计算	知道理解	主观题	综合类	0.8	5 min
2	光、力、电磁学	知道平面镜成像特点和应用，理解压强，知道大气压，从能量转化的角度认识效率，提升获取信息，根据信息分析与论证的能力	理解应用	主观题	综合类	0.6	10 min

设计意图：基础性作业（第1题）：本题以汽车为载体，通过"问题导向"的形式，引导学生把力学、光学的知识延伸到生活中去，引领学生重视知识与生活之间的联系，让学生学会如何观察生活，思考问题，并最终运用物理知识解决问题。

拓展性作业（第2题）：本题让学生经历信息处理过程，经历从信息中分析、归纳规律的过程，尝试解释根据调查或实验数据得出的结论，考查学生获取信息，并根据信息进行分析的能力。

作业内容：

1. 基础性作业

（1）如图1-4-3所示，小汽车的车身设计有什么特点？

① 车身设计成流线型的目的是_____。

② 假如某汽车的车身重（含司机）为1.4 t，当它静止在平直路面上时，路面受到的压力为____N，当汽车在该路段快速行驶时，路面受到的压力____（选填"大于""小于"或"等于"）汽车的重力，请简要说明原因。

（2）汽车挡风玻璃有什么特点，它对行车安全有帮助吗？

如图1-4-4所示的挡风玻璃设计成倾斜状态的主要目的是防止车内物体经过玻璃成的_____（选填"虚"或"实"）像对司机的干扰；图1-4-5是挡风玻璃的模型，请根据平面镜成像特点，在图1-4-5中画出车内物体所成的像。完成后请同学通过观察和思考说一说你的发现。

图1-4-3

图1-4-4

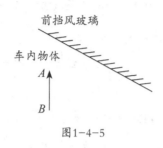

图1-4-5

（3）汽车刹车时停车距离与车速有关吗？

汽车刹车时，司机从看到情况到踩刹车这段时间叫反应时间，这段时间内汽车要保持原速前进一段距离；当司机踩刹车后到车停止，汽车开始制动，这段距离叫制动距离，如图1-4-6所示。

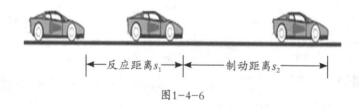

图1-4-6

表1-4-2是一个机警的司机驾驶一辆保养得很好的汽车，在干燥的水平公路上以不同的速度行驶时，测得的反应时间和制动距离。

① 利用表中数据，算出该汽车在车速90 km/h时的反应距离是_____m。

② 该司机以108 km/h的速度行驶时，观察到前方90 m处出现行人，立刻实施刹车，请问汽车能否在撞上行人前及时停止，请通过计算简单说明。

表1-4-2

原行驶速度$v/\text{m}\cdot\text{s}^{-1}$	反应时间t/s	制动距离s/m
15	1	20
20	1	34
30	1	54

2. 拓展性作业：混合动力负压救护车

如图1-4-7中所示为某汽车公司推出的一款混合动力负压救护车。这种汽车的汽油发动机和电动机通过同一个变速器与车轮相连。除了油箱里的汽油之外，它不再需要外界其他能源。与其他汽车不同，该类型汽车在制动时，电动机作为发电机使用，通过再生制动器把汽车的一部分动能转化为电能，实现对蓄电池充电。

负压救护车最大的特点是负压，在运送病人的过程中，车内气压保持一个特定值（为标准大气压的90%），使空气在流动时只能由车外流向车内，而不会把车内可能含有病毒的空气排放到车外；并且可以利用真空泵将车内的空气通入特制的电热丝容器内进行高温消毒后排出。车上还配备了呼吸机、消毒灯、中心供氧接口等设施。

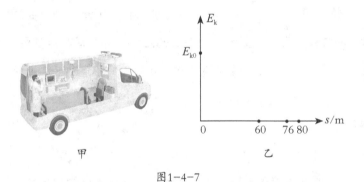

图1-4-7

（1）如图1-4-8甲，救护车前面的挡风玻璃是倾斜的，这样可以使汽车在夜间行驶时车内物体的像成在汽车的_____（选填"前方""上方"或"下方"），避免物体的像干扰司机视线。

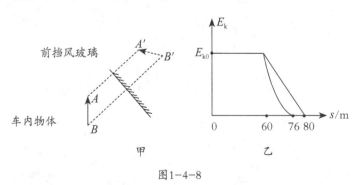

图1-4-8

（2）车内消毒灯是利用_____（选填"红外线""紫外线"）进行

消毒的。

（3）以下哪种病人最适合使用负压救护车（　　　）。

A. 严重高血压病人　　　　　　　　B. 发生交通意外的病人

C. 疫情发生时的发热病人

（4）若在某地行驶时，车外气压约为0.99个标准大气压，车顶的面积为 $6\ m^2$，车顶内外大气产生的压力差约为_____N（标准大气压为1.01×10^5Pa）。

（5）某次对比测试中，在车经过O点时开始记录，先让救护车匀速直线行驶60 m，然后分别在关闭或打开再生制动器的情况下关闭发动机，结果发现汽车分别在距O点80 m和76 m的地方停了下来。如果用E_{k0}表示汽车关闭发动机前的动能，请在图1-4-7乙中分别画出关闭、打开再生制动器的情况下汽车的 E_k-s（动能-路程）图像。若再生制动器开启时，其获得的能量中有90%被汽车蓄电池储存起来，则蓄电池增加的能量为$W=$_____（用图像中的字母及数字表示）。

参考答案：

1. （1）①减小空气阻力　　②140000　　小于

（2）虚（倾斜的挡风玻璃使像成在上方，可以避免影响司机视线）

（3）①25　②能；$s_{反}+s_{制}=vt+s_{制}=30\ m/s\times1\ s+54\ m=84\ m<90\ m$

2. （1）上方　（2）紫外线　（3）C　（4）5.454×10^4　（5）$0.18E_{k0}$

教学过程优化策略

　　教学过程优化不是具体的教学方法或教学手段，而是一种教学的方法论、教学策略。人类在提高教育教学质量的不断追求中，对人的价值、人的本性、教学的本质和基本任务等方面进行过深入的探索。现代心理学的迅猛发展，促使教学理论不断更新。本章在人本主义、行为主义、认知主义等现代教育理论的基础上，结合当前我国物理教学改革发展情况，提炼出自主化策略、情境化策略、支架式策略、深度化策略、项目化策略、活动化策略和简洁化策略七大策略，探讨基于核心素养培育的教学过程优化问题。

第一节　自主化策略

自主化策略是教师在课堂上使用的能够使学生有效开展自主学习的教学策略。目前的教育体制下，学生学习任务繁重，大多数学校难以给学生提供自主学习的时间和机会。正所谓"教是为了不教"，要促进学生的全面发展，让学生学会求知，发展学生的核心素养，培养学生的自主学习能力便刻不容缓。

一、自主化策略的基本特征

（一）自主能动性

学生能够积极主动自觉地进行自主学习的最基本要求是具有自主能动性。罗杰斯认为，让学生自主学习的关键问题在于：教师首先要信任学生，信任学生的学习潜能。[①]也就是说要相信学生的自主能动性，并且充分利用各种条件来调动学生自主学习的积极性，只有这样才能较好地促进学生自主学习。也正是因为那么多人相信自主学习的能量和每个人的学习潜能，才会使自主学习的研究在不断地深入。因此自主化策略一定是能够充分调动学生积极性，发挥学生自主能动性的。

（二）独立性

自主学习的独立性显而易见，而自主化策略的独立性体现在哪些方面呢？从自主化策略的定义出发，它是促进学生自主学习的教学策略，那么自主化策

---

① 施良方. 学习论［M］. 北京：人民教育出版社，2001.

略的特征之一就是独立性——学生学习的独立性。从自主化策略的实际应用角度看，自主化策略是一个灵活的教学策略，能够被单独地使用在一堂课的任一环节中。也就是说，这里的独立性是从自主化策略的目的和使用的场景两个角度来阐述的。

（三）合作性

正如齐莫曼所说，大部分的学习都不能被简单地划分为完全自主的学习或者完全不自主的学习。自主化策略在课堂中的实施，往往是离不开合作的，这里包括了师生间合作和生生间合作。比如说，课堂上利用导学案进行问题的探究，导学案设计是教师课前需要准备的工作，而学生进行问题探究时，离不开同伴互助。这和自主化策略的独立性是不冲突的，相反还有相辅相成、有机结合的意思。

合作与自主是对立的，但是正是因为有了合作才凸显自主的独立性，有了自主才能展现合作的社会性。在课堂中使用自主化策略理应充分发挥班级教学的优势，利用学生之间的合作，来促进学生个体自主地参与学习活动，促进自主学习能力的提升。

（四）发展性

实施自主化策略的直接目的是促进学生课堂上的自主学习，长远的目的是希望借此来培养学生自主学习的能力，进而提升个人的终身学习能力。这就要求自主化策略必须是发展性的，必须长期根据学生发展实际进行持续的调整和优化。发展性的含义是，教师要实施自主化策略就必须在较长的一段时间内在课堂上使用各种自主化策略的手段。学生不是一成不变的，教学策略也不能是一成不变的。在此基础之上，教师要根据给学生的学习效果和反馈进行调整、完善、优化。

二、自主化策略的理论基础

罗杰斯人本主义学习理论认为："教师的基本任务是允许学生学习，满足他们自己的好奇心。"教师的任务不是教学生知识，也不是教学生怎么学，而是要为学生提供学习的手段，由学生自己决定如何学习。

学习可以分成两类：一类学习类似于心理学上的无意义音节的学习，另一类是意义学习。所谓意义学习不是指那种仅仅涉及事实累积的学习，而是指一种使个体的行为、态度、个性以及在未来选择行动方针时发生重大变化的学习。

意义学习主要包括四个要素：

第一，学习具有个人参与的性质，即整个人（包括情感和认知两方面）都投入学习活动。

第二，学习是自我发起的，即便推动力或刺激来自外界，但要求发现、获得、掌握和领会的感觉是来自内部的。

第三，学习是渗透性的，也就是说，它会使学生的行为、态度，乃至个性都发生变化。

第四，学习是由学生自我评价的，因为学生最清楚这种学习是否满足自己的需要。

三、自主化策略在教学过程优化中的实施

相比很多学者讨论的自主学习教学模式，自主化策略更适用于日常的教学活动中。自主化策略可以应用在常规课的某一个环节中。根据已有的研究，结合初中物理的教学实际，本节将自主化策略及其实施总结如下。

（一）创设真实的问题情境

人本主义心理学家罗杰斯认为，如果要使学生全身心地投入学习活动中，就务必让学生面对一个与他们个人有关或者有意义的问题。儿童一定程度上是受本能驱使的，他们天生就会对环境中一些关于自己的因素产生好奇，并且希望了解、希望解决问题。[1]

创设真实的问题情境有助于保障学生学习的主体性，有助于激发和培养

---

[1] 施良方. 学习论 [M]. 北京：人民教育出版社，2001.

学生学习物理的兴趣。特别对于物理学科，生活中处处蕴含着物理的原理和知识，从生活中实际的问题情境出发，不仅能深化物理与生活的联系，更能引发学生主动思考、自主学习的欲望。

从近年的中考物理题中不难看出，不少题目是围绕着常见的生活情境提出物理问题的。2020年广东中考卷中最后一道选择题考到了中学生游泳时的受力情况，2021年的计算题中考查到了杆秤的杠杆平衡计算问题。这些真实的生活情境很常见，但是在我们日常教学中却不一定常见，这些题目起到一个很好的导向作用。教师的日常教学不能"脱离实际"，应尽可能创设真实的问题情境，激发学生的求知欲，促进自主学习，使学生面对更多生活中的物理问题时能有较好的解决问题的方法。

问题情境就是把学生置于运用已经掌握的知识去研究新的未知问题的气氛之中，使学生在提出问题、思考问题、解决问题的动态过程中学习。学生的主动思维往往是由问题开始的，又在解决问题的过程中得到发展。这种活动不仅可以让学生将已学的知识灵活运用于实际，而且学生会在这个学习过程中有所发现，获得新的知识和方法。

问题情境的创设是物理课堂情境创设的重要方面，即通过情境引入问题，刺激学生思考，使学生从熟悉或感兴趣的物理情境中，发现问题、提出问题、研究问题和解决问题，促进学生主动地进行探究性学习，这是培养学生创新精神的一个主要途径。[①]

创设问题情境需要注意以下几个问题。

1. 创设情境要为教学目标服务

一堂课的全部内容都应该为教学目标服务，为何要强调创设情境呢？创设情境往往需要花费课堂上较多的时间，而一堂课的时间是有限的，如何高效地创设符合教学目标需要的情境就显得至关重要了。

① 王海琴. 初中物理课堂情境教学的创设与实践 [D]. 南京：南京师范大学，2008.

2. 所创设的情境一定是真实合理的

如今尽管社会进步，科技发达，但是"两耳不闻天下事，一心只读圣贤书"的大有人在，这正是教学中情境创设的缺漏导致的。创设真实的问题情境至关重要。真实的问题情境往往来源于生活，正如初中物理课程标准中提到的基本理念——"从生活走向物理，从物理走向社会"。

另一方面，课堂教学中情境的创设要充分考虑到初中学生的认知特点、学生已有的生活经验和物理学科特点，设计科学有效的情境，促使学生对知识进行有意义建构，培养学生的核心素养。只有创设合理的、真实的教学情境，才能有助于学生建立新旧知识的联系，有助于学生对知识进行重组与改造，有助于学生对知识的同化与顺应，有助于促进学生进行思维联想。情境创设运用得好，能明显提高教学效果与学习效率。①

3. 创设的问题情境应具有一定的挑战性

在初中实际物理教学中，不乏情境引入的例子，物理教材也为教师提供了情境引入的素材。然而，怎样的问题情境才能真正地激发学生的求知欲、引起学生的兴趣，是值得教师思考的问题。

人教版初中物理教材中"二力平衡"一节的开头部分，用生活中汽车匀速直线行驶和电灯静止吊在天花板上的情境，提出问题"它们为什么会保持静止或匀速直线运动状态？"学生在刚刚学完牛顿第一定律之后，对这个问题是存在一定的认知冲突的。牛顿第一定律中讲到，一切物体在没有受到力的作用时，总保持静止或匀速直线运动状态。根据初中学生的思维习惯，他们便会认为，物体受力时是不能保持静止或者匀速直线运动状态的。因此这个教材中的问题情境对于学生来说具有一定的挑战性，能较好地激发学生自主学习的兴趣。

因此，在促进学生自主学习时创设的问题情境应该是对学生具有一定挑战性的，与学生已有的认知能产生冲突的。

———————————————

① 王海琴. 初中物理课堂情境教学的创设与实践［D］. 南京：南京师范大学，2008.

4. 创设的问题情境应具有独创性

相比在其他目的下创设情境，自主化策略中的创设问题情境应该具有独创性。在初中物理课堂上创设情境并不是一件难事，创设情境的素材也不少，但是要想通过创设问题情境引起学生的好奇心，激发学生求知的欲望，调动学生自主学习的积极性，创设的情境一定是与往常看到的情境不一样的，或者说，这个问题情境是大家常见却不容易发现的。因为只有这样的问题情境，才会使学生感受到问题的精妙以及发人深思。

人教版初中物理九年级"比热容"一节的导入部分就提到了这样一个学生熟悉但又不曾发现的问题：同样是在炎炎夏日，为什么沙子和海水的温度不一样？从这样的问题情境出发，学生会开始思考，后续进行自主探究实验，继而获得比热容的概念。

下面通过《平面镜成像规律》教学片段的对比研究，剖析创设情境的自主化策略对物理教学过程的优化作用。

教学片段1

师：平面镜成像实验中，平面镜后面并没有点燃的蜡烛，但是我们却看到平面镜后面好像有烛焰。这是为什么？

（学生思考）

师：这和平面镜成像的原理有关。光源S向四周发光，经过平面镜反射后进入人眼，引起视觉。由于有光沿直线S′处发出，所以这个S′是真实存在的像吗？

生：不是。

师：这种像不是真实存在的像，我们把它叫作虚像。所以平面镜所成像是虚像。

教学片段2

师：我们每天都照镜子。镜子里轮廓相同，像你但又不是你的，是你的像。前面我们还学过什么成像的现象？

生：小孔成像。

师：小孔成像所成的是什么像？

生：实像。

师：那平面镜中所成像是实像吗？请两位同学上台，一位同学A站在镜子前，另一位同学B站到镜子后面，看是否能用光屏承接到镜前同学的像。若光屏上能看到同学A的像，则说明平面镜所成像为实像。

（学生体验并演示）

师：光屏上看不到同学A的像，说明什么？

生：平面镜所成像不是实像。

师：平面镜所成像不是实像，我们把不能用光屏承接的像，叫作虚像。

评析："平面镜所成像是虚像"和"平面镜的成像原理"是本节课的难点。许多教师应用教材时缺乏自己的见解和处理，将"平面镜成像性质"和"成像原理"放在一起，不做区分，因此容易增加学生理解的难度。学生在片段1的教学中容易"无话可说"。一方面是因为，两个难点放在一起，且不做强调和区分；另一方面，片段1的讲解中往往配合平面镜成像原理的作图，而不是真实的情境，较难激发学生自主思考和学习的兴趣和欲望。

片段2中，教师首先利用一面大镜子，创设真实的情境，让学生从真实情境中思考问题"平面镜所成像是否为实像？"与此同时，和前面所学小孔成像联系起来，有助于学生理解判断平面镜所成像是否为实像。这样处理，学生更愿意主动思考并将平面镜成像与前面所学知识联系起来，且将"平面镜成像性质"这一难点有效突破。可见，创设真实的问题情境，有助于学生课堂上自主思考和理解。

（二）提供合适的学习资源

要使学生在课堂上有效开展自主学习，教师就应当为学生准备充足的学习资源。

这个学习资源大致可以分为文本资料和视频资料两大类。提供合适的学习资源，意味着学习资源一定是和本节课的内容相关的，适合学生的认知水平的，有助于学生开展自主学习理解本节知识和内容的。

1. 导学案

导学案能够激发学生的学习兴趣，充分体现了学生的主体性地位。在教师的有效引导下，导学案能提升学生自主学习的动力，使学生的自主学习具有可操作性，成为一种自发的习惯。导学案有利于改变学生的传统学习方式，有助于学生养成自主学习习惯，促进学生创新能力和综合素质的提高。利用导学案可以对学生进行因材施教，学生能够自主地采取适合自身的学习策略，教师可以根据教学情况和学生的实际，因时因地做好必要的课前、课堂和课后的学习指导。[①]

导学案设计应注意主体性、导学性、探究性、层次性。[②]

（1）主体性：学生是学习的主体，导学案面向的是学生，因此在设计的时候应当考虑学生的知识基础和心理基础。

（2）导学性：设计导学案的目的是为学生的自主学习提供文本资源，促进学生的自主学习，因此导学案应该具有指导学生自主学习的作用。导学性意味着导学案覆盖的知识应该处于学生的最近发展区，是学生能通过自主学习之后掌握的。

（3）探究性：物理是一门以实验为基础的科学，要理解某一物理概念或者物理规律时，往往需要进行实验探究或者理论探究。因此在导学案中给学生适当"留白"，有助于培养学生的自主创新能力。

（4）层次性：因为教育要面对全体学生，所以导学案的设计要面向不同水平的学生，那就意味着设计导学案时应当考虑不同难度水平的内容和任务，让每个学生都能在自主学习的过程中，实现自己的个性化目标。

根据不同的需求，导学案可以分别应用在新授课、实验课以及复习课中。导学案的结构大致可以分为三个部分：导学预习案、导学探究案和导学拓展案。

下面通过《密度》教学片段的对比研究，剖析导学案对物理教学过程中学生自主学习的优化作用。

---

① 吴汉城.基于导学案的高中物理教学模式的研究［D］.武汉：华中师范大学，2014.

② 李新乡，张军朋.物理教学论［M］.第2版.北京：科学出版社，2009：212-213.

教学片段3：用图像来处理数据（以铝为例）

绘制图像：

根据实验数据绘制出$m-V$图像。

分析图像：

m与V成正比，写出其一般式$m=kV$，代入一组（m，V）数据，即可算出铝的密度为2.7 g/cm^3；

得到结论：

同种物质的质量与体积成正比，质量与体积的比值是一个恒量。对不同物质，这个比值一般不同，说明这个比值反映的是物质的某种特性。物理学中就用密度来表示这种特性。

教学片段4：

将探究导学案设计如下。

人教版初中物理八年级上册第6单元第2节《密度》探究导学案

【探究实验】探究物质的质量与体积的关系

1. 实验器材：_____。

2. 多次测量的目的：_____。

3. 记录数据：

表2-1-1

	质量m（g）	体积V（cm^3）	_____
A物块1（小）			
A物块2（中）			
A物块3（大）			
B物块1（小）			
B物块2（中）			
B物块3（大）			

思考：通过比较不同大小的同种物质的质量和体积，你有什么发现？请在表格最后一列写出你对两者的数量关系的猜想，并算出结果。

4. 根据数据描点，并连线。

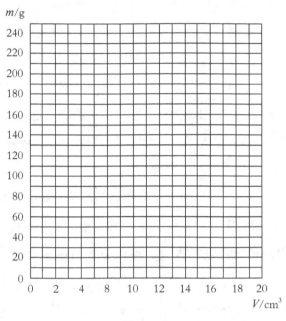

图2-1-1

5. 分析得出结论：

结论1：_____；

结论2：_____。

通过数量关系来处理数据。

师：通过测量得到的同种物质的质量和体积的大小，你有什么发现？

生：同种物质，体积越大的，质量越大。

师：那它们有什么数值关系上的规律吗？（问而不答）能用你学过的数学运算来表示它们的特殊关系吗？比如说加、减、乘、除？

生：思考并动笔计算。可以试着把它们的质量与体积相除。

师：那请你们在数据表格的最后一列算出它们的质量与体积之比，看看有何发现。

生：同种物质的质量与体积之比是定值。不同物质的质量与体积之比不同。

师：为了描述物质的这个特性，我们用密度来表示物质的质量与体积之比。

评析：对于初二上学期的学生而言，通过图像得到规律是超出了他们现有的数学知识水平的。尽管教师教学用书中，要求教师让学生自主设计实验，并完成实验，给予学生足够的自主学习时间，但在实际教学过程中，教师往往会替代学生设计实验，并简单地演示实验得出两个物理量的关系。

相比之下，根据本节内容设计的探究导学案能够有效地理清该探究实验的思路——准备实验、测量数据、分析数据、得到结论。在这个探究导学案的指引下，学生可以更少地依赖教师，与此同时，能够根据实验的要求和步骤在实验过程中进行自主思考。

探究导学案在设计的过程中，可以根据教学目标需求改进教材中实验的一些具体细节，使探究实验的目的更为明确，学生的学习也能更有效。比如课本中，仅对铝一种物质进行探究，可以改为对两种及以上的物质进行探究，这样实验得到的结论更具有普遍性，学生建构的知识结构也会更合理。另外，直接给出坐标轴每格的大小，有助于降低学生作图的难度，突出重点——"探究物质的质量与体积的关系"。可见，导学案的设计和使用能够更好地因材施教。

2. 微课视频

微课视频包括讲授型"微课"，习题型"微课"，实验型"微课"和复习型"微课"。

学生在课堂学习的过程中如果很难完全理解知识点，久而久之就会对物理学习产生厌烦、恐惧等心理，从而丧失学习兴趣。物理微课具有知识点精简、方便快捷等诸多优点，学生可以根据自身需求自主学习。并且，微课界面清晰，生动有趣，学生在自主学习物理的时候不会感觉疲惫，因此也会使学生在自主学习的过程中重新体会物理学习的快乐，增加学习兴趣。

物理这样一门复杂的学科，光靠课堂的教学很难满足全体学生的发展需要。而物理微课形式众多，内容丰富，能够适应不同学生的需求。对于物理基础知识较为薄弱的学生，可以选择基础知识讲解类微课反复自主学习，加深对物理概念规律等基础知识的理解；对于惧怕物理实验的学生，可以选择实验类微课观察学习，在自主学习的过程中感受实验探究的乐趣；对于解题有困难的学生，可以选择解题类微课，在自主学习中获得解题思路和方法。总之，微课类型多样，形式丰富，学生可以根据需要自主学习，从而使全体学生都能获得发展。①

促进学生自主学习的微课应该具有针对性、完整性和补充性这三个特点。②

（1）针对性：针对本节某个或者几个知识点确定微课内容。

（2）完整性：微课虽小，但"五脏俱全"。一节微课应该包括导入、讲解和总结等部分，是一节完整的课。

（3）补充性：微课短小精悍，也就难以面面俱到。在运用微课之后，需要进行一定程度的补充。

2020年初，受新冠肺炎疫情的影响，全国各地停止线下教学活动，改为线上教学活动，微课资源需求量急速上涨。2021年7月，教育部印发《关于进一步减轻义务教育阶段学生作业负担和校外培训负担的意见》，意味着学生自主学习的需求会越发强烈。在"双减"背景下，提供优质的学习资源是学生实现自主学习的必要途径。

在教育信息化推进过程中，已经建立的较为成熟的线上视频课程平台，为学生提供了丰富的微课资源。

除此之外，各大视频网站都有各学科的微课资源可供选择，根据需要搜索即可。而随着短视频的流行，不少教师或者科普机构会在短视频平台分享相关的短视频，也是微课的一种新兴形式。

微课资源可以分别运用在课前学习、课堂学习、课后学习中。考虑到学生对电子设备的管理问题，大部分教师主要将微课资源应用在课堂教学中。在物理课堂中应用微课资源的作用主要包括：导入、实验演示、知识拓展、课堂小结。下面选择物理学科中最广为人知的微课资源乐乐课堂和物理大师中的两个

① 沈佳琳. 高中物理微课的设计与应用研究［D］. 南京：南京师范大学，2017.

② 肖瑜. 基于微课的初中物理教学设计案例研究［D］. 银川：宁夏大学，2019.

微课视频进行分析。

案例1：（见表2-1-2）

表2-1-2

微课名称	白气现象	
微课时长	1分46秒	
微课结构	知识引入	视频内容分析
		利用烧水时产生的白气提出问题：这个白气是水蒸气吗？激发学生的兴趣
	内容讲解	通过讲解说明，这种液化现象发生在高温水蒸气和低温空气之间，并具体分析生活中常见的三个场景中的白气都是如何形成的，深化学生对白气本质的理解
	小结部分	总结白气现象的本质是高温水蒸气遇到低温空气发生的液化现象
微课特点	1.选择生活中常见但容易误解的白气现象，主题鲜明 2. 用动画展现对应的生活场景，生动形象	
适用场景	《液化》一节讲到生活中的白气现象时学生在课后自主学习时作为补充	

案例2：（见表2-1-3）

表2-1-3

微课名称	杠杆：战无不胜的投石机	
微课时长	4分46秒	
微课结构	知识引入	视频内容分析
		通过视频材料《指环王》《三国》中颇具威力的投石机引入杠杆
	内容讲解	通过筷子、剪刀、天平等生活常用工具，引出杠杆的定义，并利用动画介绍杠杆的五要素
	小结部分	了解杠杆的定义和五要素，重新介绍投石机的应用以及游戏中杠杆的应用
微课特点	1.通过影视资源介绍投石机，从而引出杠杆，能够有效激发学生兴趣 2.用动画展现对应的生活场景，生动形象	
适用场景	1.学生课前预习或课后复习 2. 学生线上自主学习	

（三）同伴互助

罗杰斯认为同伴教学是促进学习的一种有效方式，这一结论是建立在实验的基础之上的。[1]同伴教学法，又称同伴互助教学，20世纪由哈佛大学教授埃里克·马祖尔（Eric Mazur）提出，其理念和陶行知的"小先生制"相似，都是通过学生之间的交流，从而实现知识的理解或者能力的提升。稍有不同的是，同伴互助更强调学生之间的平等和交互性，并不一定是"师傅"教"徒弟"。也有人说，同伴互助是对小组合作学习的一个继承与发展。[2]这说明同伴互助教学有着深远的历史渊源，也有其实用价值。

在同伴互助教学实施的过程中，如何分组配对是极其重要的，分组配对是否合理直接影响同伴互助教学的效果。同伴分组配对应该遵循互补性、自愿性、稳定性的原则。相关研究表明，异质分组比同质分组的同伴教学效果更好，也就是说分组配对时应当选择各有优势的学生配对，他们的能力能够互补。对于初中生而言，他们已经具有了一定的自主意识，不能不顾及学生的意愿而强制分组，否则不仅不一定能实现教学目的，还有可能适得其反。

同伴互助教学应用到初中物理课堂是具有可行性的。物理是一门以实验为基础的科学，实验课在初中物理课中占有十分重要的地位。实验课是开展同伴互助教学的良好时机。在物理实验课中实施同伴互助教学，不仅能激发学生自主学习的兴趣和动力，还能在同伴互助的过程中培养合作能力。当然，同伴互助教学不局限于物理实验课，还可以是课堂中的实验环节，又或者习题讲解环节，甚至更多。

同伴互助教学的实施大致可以分为三个步骤：课前、课中、课后。

1. 课前

首先学生要合理分组，教师对学生互助学习提供方法指导。其次教师要让学生明确本节课的学习要点和目标，还可以利用导学案布置具体可操作的预习任务，帮助学生明确本堂课的学习内容。

① 施良方. 学习论［M］. 北京：人民教育出版社，2001.
② 沈佳琳. 高中物理微课的设计与应用研究［D］. 南京：南京师范大学，2017.

2. 课中

课堂实施过程中，应该采用任务驱动或者问题驱动的方式引导学生交流合作。同伴互助尽管可以较好地调动学生参与教学的积极性，但是如果没有明确的问题或者任务，那么学生就如同无头苍蝇，不知所措，最后同伴互助只会流于形式，甚至成为学生上课讲话分神的借口。为保证课堂同伴互助教学的效果，时刻监控学生同伴互助情况是必要的。监控并非只是监管学生的纪律，也包括能够有合理且及时的学习反馈机制，对学生的同伴互助教学情况及时表扬或者警告，这样学生对自己的同伴互助学习便会有更多的反馈，更多的反思和理解。

同伴互助学习的成果应该获得多元化的评价。多元化的意思是这个评价不仅来源于老师，也来源于同伴和竞争的小组，还来源于自己。

3. 课后

课后教师要引导学生反思总结本节课的内容和本堂课的同伴互助学习情况，这样有助于在下一次的同伴互助学习中改进，以达到更好的学习效果。教师亦然，课后要根据课堂情况调整后续的教学内容安排，调整同伴互助学习的配对，或者同伴互助的形式等，以期达到同伴互助学习最佳的效果。学生通过长期的同伴互助学习，不断提升自主学习的能力，实现核心素养的培养。

在应试教育背景下，传统复习的模式简单粗暴。教师评讲的题目依赖教师的主观判断，并不能真实解决学生的学习困难。传统复习模式将学生置于被动接受的地位，评讲练习只能一刀切。传统复习课教学模式如图2-1-2。

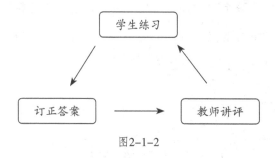

图2-1-2

应用同伴互助教学指导复习课的设计，有利于激发学生的自主学习欲望。上海师范大学的张悦设计的复习课中的同伴互助教学模式[1]值得借鉴。针对正确率为30%～70%的这类题目，部分学生能够得到正确答案，有一定的解释该题目的能力，开展同伴互助教学。同伴互助学习有助于学生"一对一"，针对性讲解学生个体存在的困惑。对于被讲解的学生而言，他们更敢于向讲解同学提出疑问，他们更有效地解决问题。一举两得的是，这样还能促进讲解学生反思自己的讲解语言，并提升语言表达和逻辑思维能力。

自主化策略是促进学生进行自主学习，培养学生自主学习能力的教学策略。自主化策略是符合当下社会、学生的发展需求的教学策略。在具体实施的过程中，可以通过创设问题情境、提供合适的学习资源以及同伴互助教学等方式教学。

---

① 张悦.同伴教学法在初中物理教学中的应用研究［D］.上海：上海师范大学，2017.

第二节　情境化策略

　　情境教学法是指在教学过程中，教师有目的地引入或创设具有一定情绪色彩的、以形象为主体的生动具体的场景，以引起学生一定的态度体验，从而帮助学生理解教材，并使学生的心理机能得到发展的教学方法。情境教学法的核心在于激发学生的情感。学生的学习和认知水平发展有一定规律，学生对生活当中发生的情境已经有了一定的认识，知识与情境紧密联系在一起，若知识脱离了情境，就会显得过于单调和抽象，久而久之知识会逐渐僵化而失去趣味。情境化策略是指在教学过程中，科学合理运用情境进行教学的策略。若没有相应的教学策略，大量没有经过挑选的情境进入课堂中，课堂将面临情境杂乱、学习内容枯燥无味、教师的课堂教学和学生的课堂学习效率低下的情况。我们必须科学运用情境化教学策略对生活情境进行系统的分析、选择、融合，才能使教学过程优化。

一、情境化策略的基本特征

（一）形象性

　　情境是以形象为主体的生动具体的场景。教学过程中，教师通过创设情境，从形象的生活情境入手，引起学生一定的态度体验，以帮助学生理解教学内容，并使学生的心理机能得到发展。初中生的思维以形象思维为主，逻辑抽象思维为辅，具象化的生活情境和素材更能有效地刺激学生的思维，促使学生从感性的具体形象思维走向理性的抽象思维。初中物理教学过程中，教师在情境创设取材的时候必须注重以学生普遍现有知识经验为前提，优化当前各种情境素材，选择契合学生现有经验并与知识有一定联系的情境，使学生由形象思维向抽象思维过渡，使二者之间联系更紧密且相互促进发展。在人利用身体感知世界的过程当中，由于身体各器官都有感知的范围，例如：眼睛只能感知可见光，耳朵只能听到20～20000赫兹频率的声音，因此身体各种感官限制了我们对世界的感知，教师不能将不可见和不可感受的事物作为情境引入课堂，但我们可以采取一定的策略优化整个学习过程，尝试从可观测、可体验的情境引入，再通过类比过渡到学生不可见的规律。

（二）联系性

在物理教学过程中，教师所创设的情境必须贴近学生现有的生活，与学生身处的生活环境产生联系，学生在生活中已经对其有了丰富的感性认识，同时已经构建出一套以大量感性认识为基础的知识架构。由于学科知识与创设的情境要有确定的联系，但生活在不同地域的学生，在日常生活中对一些自然界所发生的现象的认识有着地域性的限制，教师在教学过程中需要设身处地地考虑地域文化因素，对可观察的现象进行优化。例如，对于升华现象的情境创设，在南方教师可由"樟脑丸"的使用情境引入，而在北方教师可由"冰冻的衣服"能在室外晾干的情境引入，不同的情况选用不同的情境，客观上符合学生的认知体验。

（三）情感性

情境教学法的核心在于激发学生的情感。在情境教学过程中，当知识与情感产生共鸣，学生的情感便得到滋养和升华。教师要创设有利于学生学习的和谐融洽的教学环境，妥善处理好教学过程中情感与认知的关系，充分发挥情感因素的积极作用，通过情感交流增强学生积极的情感体验，培养和发展学生丰富的情感，激发他们的求知欲和探索精神，促使他们形成独立健全的个性和人格特征。[1]学生学习的内驱力来源于情感，只有将情感融入情境当中，才能激

---

[1]段青青. 小学语文教学中的情感教育及其实施策略分析［J］. 作文成功之路（中），
2018（2）：22.

发学生学习的内在动力，所以情境创设需注重学生内在情感发展需要，将学生的情感与情境有效结合，在情境化教学策略中适当将科学家的故事带入物理课堂里面，能丰富学生的精神领域。例如在重力教学过程中，引入牛顿被苹果砸中的故事，让学生感受科学家在发现一些物理规律过程中所遇到的情境，产生共鸣，从而激发学生学习的积极性。

（四）趣味性

情境能引起学生的兴趣。在初中物理课堂教学中，融入趣味、生动的情境创设，能最大程度地吸引学生注意力，提高学生在学习过程中的积极性和能动性。教学中，情境的趣味化改动有利于新知识吸引力的提升，这是因为日常生活中大量的情境学生已经习以为常，学生学习的兴趣会因为现象的常态化而减弱，常态化的现象让学生思维走向固化，因此教师在教学过程中应对常有的情境进行再创造，把常有的情境变得更直观、更生动和有趣，从而让固有、僵化的知识或规律焕发新的生命力，这样学生才能从中享受到乐趣，让知识找到切实的落脚点。

二、情境化教学策略的理论基础

建构主义认为，学习总是与一定的社会文化背景即"情境"相联系。在实际情境中或通过多媒体创设的接近实际的情境中进行学习，学习者可以利用生动、直观的形象有效地激发联想，唤醒长时记忆中有关的知识、经验或表象，从而利用自己原有认知结构中的有关知识与经验去同化当前学习到的新知识，赋予新知识以某种意义；如果原有知识与经验不能同化新知识，则要引起"顺应"过程，即对原有认知结构进行改造与重组。总之，通过"同化"与"顺应"才能达到对新知识意义的构建，而同化与顺应离不开原有认知结构中的知识、经验与表象，情境创设则为提取长时记忆中的这些知识、经验与表象创造了有利条件。在传统的课堂讲授中，由于不能提供实际情境所具有的生动性、丰富性，不能激发联想，难以提取长时记忆中的有关内容，因而学习者对知识的意义建构会发生困难。[①]皮亚杰认为："知识的学习并不是单纯地通过教师的传授来完成的，而是学生在一定情境中，借助他人的合作，利用必要的学习信息，将信息加以提取加工，形成新知识，并纳入自己已有的知识结构的意义建构过程。"[②]情境在学生学习新知过程中可以被看作一种"载体"，知识不能独立于其"载体"——情境，知识就好比在水中的鱼儿，情境就像是水，鱼儿只有在水中才能活，离开水就会死亡。知识要想活，必须依赖于情境，离开情境的知识将无处容身。

三、情境化教学策略在教学过程优化中的实施

（一）强化生活实际联系

过于陈旧的一些情境在现代生活中基本上已经很少看见，继续沿用的话不但学生没有此情境经历，还和现代生活脱节，学生很容易会认为本节课所学的知识没有实际用处，所以教师在教学过程中应发挥主动性，发掘所学知识与生活情境的关联性，这样才能达到优化教学的目的。

案例：物态变化教学过程中对于升华的情境创设

（1）教师在课前几天将生活中常用的固态清新剂装到透明的杯子里带到课堂上，美其名曰改善教室空气质量，待固态清新剂逐渐减少直至"消失"，教师在升华概念教学中，拿起之前装有固态清新剂的杯子，提问："多日之前放在杯中的固态清新剂去哪了？"学生根据教师创设的前置情境分析物体从可见的固态变成了可闻的香气，其间没有看到其以液态形式存在的过程，学生可得出其变化是从固态直接变成气态，此时教师适时演示固态碘通过加热后变成气态的碘蒸气的实验，引出物态变化中物体由固态直接变成气态的现象称为升华，学生便能通过类比的方式发现固态清新剂消失之谜与升华现象的密切关系。

[①] 赵晋春. 初中物理课堂教学中利用生活现象创设问题情境的应用研究［D］. 呼和浩特：内蒙古师范大学，2011.

[②] 皮亚杰. 发生认识论原理［M］. 北京：商务印书馆，1981.

（2）在物态变化"升华"概念的教学过程中，由于升华现象在日常生活中出现得较少，教师在课堂引入阶段直接给出图片和视频：在北方冬天冰冻的衣服晾晒一段时间后也能干。这样的情境由于过程持续时间过长，很多有此经历的学生也无法与升华现象建立联系，特别是在南方地区的学生更没有直接的经验，所以对于升华现象的感知薄弱，同时教师在课堂上直接演示碘升华的演示实验，给出升华的概念。

此两个例中，（1）中教师巧妙地将情境前置，让学生经历一个与所学新知有效关联的情境，同时结合现代生活中"固体香精消失之谜"，避免在有限的课堂教学过程中无法对一些用时较长的现象进行展示，实现了对课堂情境教学的优化。（2）中，教师所引用的实物图片和视频没有和学生的生活联系，学生在观察和思考过程中没有来得及形成初步的知识架构，这样学生的感性认知过程和思考过程都不够完整。

（二）形成认知冲突

符合学生认知发展规律是教师课堂教学的基础出发点，情境创设要应学生学习认识水平的要求进行调整才能达到最优化。下文以具体教学案例来分析此类问题。

案例：《探究凸透镜成像的规律》

教学片段1

步骤1：复习引入。

师：同学们，上一节课我们学习了凸透镜和凹透镜，请问它们各自对光有什么作用？

生：凸透镜对光有汇聚作用，凹透镜对光有发散作用。

师：对，那今天我们来学习一下凸透镜成像的规律。

步骤2：教师演示实验。

教师把一根放在讲台上的蜡烛点燃，请一位同学上台利用凸透镜观察蜡烛，说出看到成像的特点。

师：现在请一位同学上台观察，将凸透镜靠近蜡烛，观察蜡烛光线经过凸透镜后成像的特点。

学生上台用凸透镜靠近蜡烛观察。

生：看到一个正立、放大的像。

步骤3：教师进行演示实验的操作，让上台参与的学生观察实验现象。教师两手分别拿一个凸透镜和白纸，将凸透镜放在蜡烛和白纸之间来回移动。

师：请你观察现在白纸上蜡烛成像的特点。

生：成倒立、缩小的像。

步骤4：教师缩小凸透镜和蜡烛的距离，增大凸透镜与白纸的距离。

师：请问现在成的像特点如何？

生：成倒立、放大的像。

步骤5：教师总结演示实验中得出的成像特点。

师：凸透镜距离发光体很近时，能成正立、放大的虚像；增加凸透镜到蜡烛的距离，同时调整光屏到凸透镜的距离可以得到倒立、放大的像；再增加凸透镜到蜡烛的距离，同时缩短光屏到凸透镜的距离，可以得到倒立、缩小的像。所以凸透镜可以成正立或者倒立，放大或者缩小的像，今天我们就一起探究一下凸透镜成像的规律。

教学片段2

步骤1：展示发光字体（老师送给学生的礼物）。

教师拿出LED发光电子屏，让LED发光电子屏发光显示为北京的"京"字。

师：今天我给同学们带来了一个礼物，我想把北京的"京"字送给在座的每一组同学。同学们，请利用你们手中的凸透镜和光屏，试一试能否用你们手中的凸透镜将礼物印在小小的白板上呢？大家现在可以试一试。

（学生实验2分钟）

师：请问你们在白板上看到了什么？

生：我们在白板上看到了一个倒立、缩小的"京"字。

（教师同时提问两个小组）

步骤2：粗略测量白板上"京"字的大小。

师：你们白板上的"京"字的大小一样吗？请大家用直尺粗略测量一下该字的高度。

（学生测量，用时1分钟左右）

师：请前面这位同学说说你们这一组所测的结果。

生：大约为3厘米。

师：请距离讲台较远的那一组同学分享你们测量的结果。

生：大约为2厘米。

师：请最后一排同学，分享你们所测量的结果。

生：大约为1厘米至2厘米之间。

师：虽然每一组同学都能收到老师的"礼物"，但是你们接收到的老师发送给你们的"京"字大小却不同，距离老师较近的同学得到的字较大，距离发光文字较远的同学得到的字较小。

师：都是凸透镜成像，为什么有些同学得到的像大一点，有些同学得到的像小一点？为什么不同呢？

（学生根据所经历的情境思考并猜想）

生：可能是因为凸透镜距离发光物体的远近与物体成像的大小有关系。

师：今天这一节课我们一起来探究学习凸透镜成像的规律。

在上述两个教学片段中，从情境的创设可以看出，片段2中教师利用凸透镜对光的汇聚作用，利用生活中常见的放大镜和白板接收来自讲台发光的"京"字，再通过分组动手实验初步得到凸透镜成像的其中一种特点，这样做可以将生活情境、已有知识、新学知识有效联系起来。合理创设情境（如图像、动画、视频或亲身体验实验等）能让学生在思考过程中产生思维冲突，案例中教师创设情境，让学生通过亲自动手体验实验，学生利用凸透镜接收光源发出的光线，使其成像在光屏上，但是通过分享交流后发现不同小组成像大小都不同，产生思维冲突点并思考产生此种差异可能跟何种因素相关，学生通过思考猜想：出现成像大小不同的原因很可能与凸透镜到发光体的远近不同有关。所以优化情境创设能使学生的思维认知产生冲突，不只是让课堂气氛得到活跃，更重要的是让学生在思维上保持活跃，让学生经历同化或者顺应，使认知发展从一个水平上升到另一个更高的水平。而片段1中教师所创设的问题情境缺乏趣味性，而且实验演示不易观察，学生的学习热情没有被激发，知识衔接没能使学生思维上产生冲突。

（三）提高趣味性

在物理课堂教学中，教师在情境创设中要考虑所选情境的趣味性，不是所有的物理知识和规律体现在生活情境中都是有趣的，教师就像"魔术师"，可以把各种情境有机整合，甚至可通过角色扮演创设特定的情境吸引学生，提高学生的学习专注力和兴趣。

案例：《平面镜成像》

老师：同学们，今天给大家变一个小魔术，请同学们认真观察。（教师点燃面向学生那一侧的蜡烛，然后将挡在学生面前的布拿开）

图2-2-1

学生（观察）：玻璃板前后有两根点燃的蜡烛，玻璃板后面的蜡烛放在透明的杯子里面。

老师：现在如果我将水倒入透明的玻璃杯中，你们先猜一猜，杯中的蜡烛将会如何？

学生（思考）：杯中的蜡烛应该会熄灭，因为水可以灭火。

老师：见证奇迹的时刻到了，现在我将水缓缓注入玻璃杯，请同学们仔细观察并思考回答。（教师将水注入玻璃杯，学生观察到蜡烛仍然在水中燃烧）

学生：蜡烛在水中依然能继续燃烧。

老师：日常生活中水能灭火，但是此情此景中蜡烛在水中居然还能继续燃烧，这是为什么呢？我们怎样解释这个现象呢？（引出本节课平面镜成像的特点）

在本案例中，教师在情境化策略教学过程中巧妙地将平面镜成像的特点与魔术结合，以"魔术"这个有趣的情境展现在学生眼前，实验效果的表象与生活中学生所认知的"水能灭火"的常理产生冲突，情境的冲突中联系着本节课所学的新知识——平面镜成像的内容。教师对情境的处理符合学生认知发展的规律，是情境化策略优化教学的体现。

第三节 支架式策略

支架式教学是指教师在教学时应该为学生提供一种有利于有效理解知识的"支架"，并借助于"支架"进一步使学生深层次理解教学内容的教学模式。支架式教学既是一种教学模式，也是一种教学策略。

一、支架式策略的基本特征

（一）支架形式

支架的类型划分为启发式支架和体验式支架两大类。启发式支架包括范例支架、问题支架、图表支架、建议支架；体验式支架包括工具支架和实验支架。

1. 范例支架

范例支架通俗地说就是"举例子"，教师举的例子必须是符合学习目标要求的已有的研究成果，还需要包括与认知主题相适应的探究思路或者典型的研究结果。在初中物理课堂中，学生有关物理的认知基础较为单薄，教师在教授新课时，范例的提供，其实质就是为学生的思路构建提供一些参考和借鉴。

2. 问题支架

教学过程中，如果教师提的问题能有效给予学生刺激，激起学生的认真思考，那这些问题就是引导学生探索知识的有效教学支架。教师在备课过程中，应当有意识地设计问题教学支架，以问题为载体，自然地驱动学生进行物理学习，引导他们积极参与到物理实验探究活动中，从而有序推进教学活动的展开，最终完成教学目标的任务。

3. 图表支架

"图式"是建构主义认知理论中的重要概念，图式实际上是一种关于知识的认知模式。图式理论研究的是知识是怎样表征出来的，以及关于这种对于知识的表征如何以其特有的方式促进知识的应用。在初中物理学习过程中，学生善于在图表的形式引导下对所学知识进行整理归纳，可以清晰理顺知识网格脉络，加深对知识内涵和外延的理解，尤其支持高级的思维活动。

4. 建议支架

学习过程中，学生不可避免地会遇到一些困难，教师应及时地给出建议，这些建议会更直白地点明学生问题所在，这样在实际教学过程中师生完成教学环节的效率会更高。当设问语句变成陈述语句时，问题支架就变成了建议支架。

5. 工具支架

在教学过程中，为了保证学生对知识的同化和顺应、概念的内化和建构，让学习过程顺利完成，教师提供的认知、协作、会话、交流、分享的平台，比如网络平台、实物投影等都属于工具支架，它们可以在学生搜集信息、处理数据、互动交流时提供帮助。

6. 实验支架

实验是物理学科发展的基础，也是初中物理教学重要的支架类型。学生在结合实验来掌握物理知识时，观察、操作、协作和交流等多方面的科学能力得以提升。无论是哪种类型的物理课堂，实验都是必不可少的重要支架，而且实验的形式不局限于学生实验和演示实验这两种，可以灵活多变。

（二）支架式教学模式的环节

支架式教学模式有其特定的教学环节，包含创设情境、搭建支架、独立探索、合作学习、效果评价五个环节。

创设情境是指将学生引入一定的问题情境，让学生体会需要解决的问题和面临的难题，激发学生的自主探究，从而促进教学过程的展开。

搭建支架要基于学生已有的知识水平、围绕当前的学习主题。基于对学生能力的了解，根据"最近发展区"的要求，教师建立概念框架，为学生提供不同形式的学习支架。

独立探索环节，教师要给学生留有一定的独立思考时间和空间，让学生进行独立探索，探索的过程教师要适时给予提示，帮助学生沿概念框架逐步攀升，不断积累、构建相关的物理知识。

合作学习指的是学生之间针对探索结果的讨论与交流，学生通过相互之间思维火花的碰撞，整合探索结果，最终实现对物理知识的正确理解。

效果评价主要是对学生学习的客观评价，评价的内容包括自我评价、是否完成对物理知识的建构以及对学习交流小组做出的贡献等。效果评价环节可以让学生找出学习过程中的不足。

因此，支架式教学是以学生为主体的，其主要目的在于引导学生建构知识。初中物理的学习是一个动态的过程，教师根据学生最近发展区的变化，随时对学生的学习支架做出适当的调整，就能够在初中物理课堂教学中最大限度地发挥支架式教学的作用。

二、支架式教学的理论基础

支架式教学的理论基础是维果斯基的"最近发展区"理论。该理论认为：儿童的学习状态有两种水平，一种是目前已达到的水平，一种是潜在可能达到的水平。这两种水平之间的距离就是最近发展区。教学中，教师要介入学生的发展，就必须找到最适合的介入点，最近发展区为教师的介入提供了一个理想的平台。教师从儿童的潜在水平介入，根据儿童的"最近发展区"建立支架，在支架的作用下不停地将儿童的智力从一个水平引导到另一个更高的水平。

在"最近发展区"理论指导下的支架式教学，其实质就是使学生经常处于"跳起来摘果子"的状态，既给学生施加一定限度的压力，又不会让学生觉得压力太大，学生通过努力就能够解决问题。

三、支架式策略在教学过程优化中的实施

在物理课堂教学中，教师积极运用支架式策略，创设物理情境启发学生，根据学生的最近发展区建立支架，让学生通过这些支架一步步攀升，逐渐发现并解决学习中遇到的问题，掌握所学知识，提高解决问题的能力，成为一个独立的学习者。下面将以不同课例教学片段对比的形式，说明支架式策略在物理教学过程优化中的实施。

（一）序列性问题展开，还原科技的发展过程，提升科学思维能力

科学思维是物理学科核心素养的关键要素之一，在教学过程中教师要联系实际，构建情境，以支架承载学生思维发展的任务，这样才符合以生为本的自主学习理念。以支架策略问题设置作为桥梁，增加思维的阶梯，提高学生思维的兴趣和成就感，能有效提升学生的高阶思维能力。

"滑动变阻器"教学片段对比研究如下。

教学片段1

步骤1：多媒体播放魔盒实验、舞台灯光变化视频，引入新课。

紧接着教师展示一盏台灯，调节旋钮，使台灯的亮度发生变化。

师：同学们，台灯的亮度为什么能被改变呢？

生：通过灯泡的电流发生了变化。

师：那么如何改变灯泡的电流呢？

生：改变电路两端的电压或者改变导体电阻。

教师引导学生复习上节课学习的影响导体电阻大小的因素——长度、横截面积、材料，随后演示课本中利用铅笔、金属夹改变小灯泡亮度的实验，学生观察小灯泡亮度和电流表，并思考：灯泡的亮度如何发生变化？

学生讨论交流：接入电路中铅笔的长度发生了变化，接入电路的电阻发生了变化，导致电路中的电流发生变化，所以小灯泡的亮度改变了。

演示实验：教师将滑动变阻器与带有小灯泡的闭合电路串联，通过滑动滑片来观察小灯泡的亮度。

教师讲解：综合各方面因素以后，科技人员发明了各种各样的比较方便改变电路中电流的器材，如滑动变阻器、电阻箱、电位器等。

教师（出示滑动变阻器实物）介绍滑动变阻器的原理、构造、电路符号，让学生观察滑动变阻器的接线柱，让学生分组进行实验、讨论得到滑动变阻器的使用方法。

评析：该教学片段首先展示的是学生感兴趣的生活情境，抛出问题，激发学生的兴趣；再用简单的实验器材——铅笔等，让学生知道生活中处处是物理，大大提高了学生对本节课的兴趣；随后出示实验室用的滑动变阻器，介绍其构造、原理，并让学生分组实验总结出滑动变阻器的使用方法，发挥了学生的主观能动性。

但这种教学方式的问题是：从铅笔芯变阻到制作成品的滑动变阻器中间有一段极具创造性的思维过程被简单略去了，单靠老师的讲授，一步到位，缺乏学习者的主动参与和建构，忽视了学生的认知规律，长此以往，不利于学生科学思维、创新能力的培养。

教学片段2

情境导入：播放视频珠海"大贝壳"歌剧院灯光秀。

提出问题：用什么办法可以改变灯泡的亮度呢？

师生讨论：找出解决问题的可能途径，即改变电压或改变电阻。

学生分组实验：根据提供的实验器材：电池、小灯泡、导线、铜丝、开关等，学生探讨影响电阻因素中各因素的控制难易情况。

师生讨论：要连续改变小灯泡的亮度，最易操作应是调节导体的长度，从而改变导体的电阻大小。

评析：和片段1对比，片段2同样是创设情境，但学生可能更熟悉片段2的情境，这些情境有暖场的效果和支架的作用，教师在搭建情境时应选择本地区常见的、生活化的情境，这样能拉近学生与认知任务的距离，让学生克服对新知识的恐惧心理，引入想要探究的问题，让学生在情境中思考问题，在思考问题的过程中掌握知识，体现从生活走向物理的课程理念。

和片段1对比，片段2不同的是教师处理滑动变阻器原理这一知识点时，根据学生已有水平，确定了学生的最近发展区。学生已经学习了电阻的影响因素包括材料、导体长度、导体横截面积大小，为了使学生更深刻地理解与掌握这部分知识，教师在授课中指导学生构建实验支架，进入独立探索和合作学习环节，学生利用实验器材温故而知新，进一步巩固影响导体电阻大小的因素这一知识点。然后，教师再引导学生讨论影响导体电阻大小因素中各因素的控制难易情况，最后师生讨论得出滑动变阻器的原理是改变导体的长度。

通过以上搭建实验支架、探索、合作学习的过程，学生不仅知道滑动变阻器的作用和原理，而且主动参与到了知识形成的过程中。

教学片段3

实验观察：尝试用导线夹在铅笔芯上移动改变小灯泡的亮度。

学生交流发现不足：易折断、调节范围太小了。

接着教师以改进设计为导向，与学生共同经历设计滑动变阻器的过程：

（1）选材料：换成3根不同材料的电阻丝（铜丝、铁、镍铬合金），分别实验，选出最佳材料。

（2）发现不足：镍铬合金丝不够长，调节范围还不够大怎么办？

（3）解决问题：加长，再演示。

（4）电阻丝太长导致不方便，怎么办？

解决方案：绕线。

新问题：怎么固定？

解决方案：绕在瓷筒或PVC管上固定。

继续提出问题：怎样在有限的瓷筒上让测量范围更大？

方法：将导线绕紧一点。

（5）发现问题：导线绕紧了，裸露的导线相互接触，会造成短路，怎么办？

解决方案：涂上绝缘漆。

（6）发现问题：涂上绝缘漆又断路了，怎么办？

解决方案：接触部分刮去绝缘漆。

（7）接线无法固定，要一直用手按着，用起来不方便，怎么办？

解决方案：让滑片固定在金属杆上，方便操作。

接着教师出示带有LED灯的自制滑动变阻器，通过LED灯亮起个数的改变形象直观地向学生展示当选用不同接线柱将滑动变阻器接入电路时，电阻丝接入电路中长度的变化，师生合作总结出滑动变阻器的使用方法。

评析：片段3中学生和老师共同完成滑动变阻器的制作过程，学生自然而然内心就会产生一种成就感和愉悦感。

教师在学生的学习过程中，以支架式教学模式为指导，以任务为驱动、以问题为载体，不断构建问题支架，通过一系列问题的提出，形成一个知识建构的过程，让学生有机会经历一次科学家那样的创造性思维过程，也是让学生真正理解滑动变阻器工作原理的有效途径。通过这样的活动，学生对变阻器结构非常清楚，滑动变阻器的使用方法已经不再是他们理解的难点，所谓的难点自然也就迎刃而解。

比较上述三个教学片段，它们都能让学生明确变阻器的作用、原理和构造。但片段1只能让学生知其然，而片段2、3通过搭建支架，达到的教学效果不仅是学生知其然，还知其所以然，同时培养了学生根据生产生活提出问题，利用已有知识探索解决问题的途径和具体措施的意识，培养了学生的技术创新能力。

（二）利用支架渗透思想方法，参与物理实验的设计过程，培养科学探究能力

如果把科学家从事科学研究的过程视为科学知识的原生产过程。那么，学生接受科学教育的过程，就是科学知识的再生产过程。理论和实践都表明，二者在本质上有着极大的相似性。学生的学习过程是对人类文化发展过程的一种认知意义上的重演。他们学习科学的心理顺序差不多就是前人探索科学的历史顺序。因此，重演人类丰富多彩的科学活动，让学生去亲历探究的过程，将教学过程转变成为学生的亚研究、再创造的过程，不仅有利于学生更好地理解并掌握所学的知识，还能从中汲取前人的智慧，领悟思想方法，陶冶科学精神，全方位提升他们的科学素养。

对于探究物理规律的实验教学，教师切忌过早给结论，应深入分析教材和学情，搭建多元化的支架，向学生渗透思想方法，引导学生借鉴前人科学研究的方法，主动参与物理实验的设计过程。

"凸透镜成像"教学片段对比研究如下：

教学片段4

在人教版八年级上册物理教材中，通过生活中的透镜，学生知道照相机和投影仪都成倒立的实像，所不同的是物体离照相机的镜头比较远，成缩小的像；物体离投影仪的镜头比较近，成放大的像。放大镜成放大、正立的虚像，物体离放大镜比较近。可见，像的虚实、大小、正倒跟物体离凸透镜的距离有关系。

在观察的基础上，教师引导学生提出猜想，对凸透镜成像规律实验做出设计：学生可以把物体放在距离凸透镜较远的地方，逐渐移近，观察成像的情况。由于凸透镜对光的偏折程度跟透镜的焦距f有直接关系，所以研究物距u的变化时，焦距可能是个应该注意的参照距离，因此我们可以观察当$u>2f$、$2f>u>f$以及$u<f$时，透镜的成像情况。

然后，学生开始分组实验，完成表2-3-1。

表2-3-1

物距	像的性质			像距	应用
	正立/倒立	放大/缩小	实/虚		
$u>2f$					
$f<u<2f$					
$u<f$					

评析：凸透镜成像规律和物距u之间的关系是动态变化的，其结论不是常见的"……越小……越小"或"……越小……越大"的简单定性关系，也不是"杠杆平衡条件"中乘积相等的明显定量关系，它需要分区间去表述成像性质，而像的性质变化又是动态的，在某个节点还会发生突变。在"凸透镜成像

规律"实验中，为什么二倍焦距是像大小的分界点、一倍焦距是像虚实的突变点，其论证难度不小，于是教师为了省时省力、避重就轻，就出现了片段4表格所示的探究实验过程。

片段4展现的其实是很多教师的常规教学，教师直接就把结论中"$u>2f$、$2f>u>f$以及$u<f$"的条件告诉学生，再让学生根据已给的条件进行实验，得到不同物距下成像的性质；最后经过一番讨论归纳，把"凸透镜成像规律"变成"一倍焦距分虚实、二倍焦距分大小、物近像远像变大、物远像近像变小"的顺口溜记忆口诀，大多数学生靠背诵来解决相关的习题，仍然不知道为什么就有了一倍焦距、二倍焦距这两个分界点。该教学过程属于伪探究，就是平时所说的验证性实验，它重视知识结果，轻视探究过程；只给了学生知识，忽视了探究过程对培养学生探究能力、提升学生科学思维的作用。

教学片段5

情境导入：教师利用手中的凸透镜，让学生通过透镜观察物体，学生能观察到缩小倒立的、放大倒立的、放大正立的三种像。

师：同一个透镜怎么能使物体呈现三种不同的像呢？

学生通过仔细观察，发现透镜到物体的距离发生了变化。

生：所以像的大小、正立或倒立和透镜到物体的距离有关！

师：物体到透镜的距离我们称为物距u，相对应像到透镜的距离我们称为像距v。同学们再观察一下，物距变了，像距呢？

生：也变化了。

评析：在人教版的教材中，"凸透镜成像规律"的前一节课是"生活中的透镜"。"生活中的透镜"介绍了照相机、投影仪、放大镜都是利用凸透镜成像的，通过图片与实际生活联系分别得到三者成像的性质。通过上一节内容的学习，其实照相机、投影仪、放大镜的成像性质就是学生的已有知识水平，而片段5中教师通过一个小实验建立情境，不仅起到衔接上、下节的教学内容的作用，也创设了学生的"最近发展区"——像的性质与物距有关。

教学片段6

学生以两人为一小组，同时教师把全部学生分为三大组。第一大组的同学要在光具座上通过移动光源和光屏找到清晰的缩小、倒立的实像，记录下物距和像距，重复实验，记录三组数据，完成表格2-3-2。

表2-3-2

缩小、倒立的实像		物距u/cm	像距v/cm
	1		
	2		
	3		

同样的，第二组、第三组同学分别找到放大倒立的、放大正立的像，完成表2-3-3和表2-3-4。

表2-3-3

放大、倒立的实像		物距u/cm	像距v/cm
	1		
	2		
	3		

表2-3-4

放大、正立的虚像		物距u/cm
	1	
	2	
	3	

分组实验结束后，先由第一大组的同学分享自己的实验数据，教师把每一组同学的数据在黑板上画的光具座上用不同颜色的磁贴做上记号，比如物1、像1的位置用黄色磁贴，物2、像2的位置用红色磁贴……当教师把不同小组的数据整合，并用同一光具座标尺标记出来时，学生能惊喜地发现当凸透镜成倒立、缩小的实像时：用来表示物体的磁贴即物距都在一个区间内——透镜的二倍焦距以外，用来表示像的磁贴都在透镜的一倍焦距与二倍焦距之间；通过磁贴颜

色比较出当物距变小时，像距变大。

接着，师生按同样的处理方法分析第二大组、第三大组学生的实验数据，顺利地得到了凸透镜的成像规律。

评析：学生已有的认知水平是凸透镜成像的性质，而不是f或者$2f$的意义，因此在片段6里教师提供的图表支架中限制的实验条件是像的性质，不是物距。相比于片段4，片段6教学的顺序更与学生的认知顺序相符合。片段6中教师搭建的实验支架、图表支架更能引导学生借鉴前人科学研究的方法，教师没有过早给结论，放慢教学的节奏，坚持"延迟判断"的教育原则，帮助学生经历这些规律的发现或推理过程，理解探究思路。

另外，片段6中教师是如何归纳成像规律的呢？学生分组实验之后，为了在众多数据中更直观地获取凸透镜成像规律，教师在学生实验过程中，在黑板上画好一带有刻度的光具座，利用有颜色的磁贴来表示物与像的位置，这样教师就把表格数据转变为图像，为学生提供了另一种图表支架，学生体验到动态变化的规律，更易接近"最近发展区"。

（三）体验感悟，理解物理现象本质，深化与巩固物理观念

物理观念是物理学科核心素养的四个维度之首，而物理概念包含于物理观念中，可见物理概念的重要性。根据物理概念的形成过程不难发现，学生在学习的过程中产生无力感的原因主要来自三个方面：一是感性认识不足、二是前概念干扰、三是思维局限。[1]

针对以上问题，教师需要根据各种物理概念的特点和学生的学情搭建支架，引导学生排除前概念的干扰、跨过思维障碍区，理解物理现象本质，学生在此基础上才能将物理知识整合、内化、提炼、升华，形成物理观念。以下通过"力臂"和"平面镜成像特点"的教学片段，展示支架式策略在学生物理观念形成中的优化作用。

---

① 冯金鸣.基于核心素养的高中物理支架式教学模式研究［D］.银川：宁夏师范学院，2019.

1. "杠杆"教学片段对比研究

教学片段7

情境导入：准备一些工具，如开瓶器、扳手等，让学生体验生活中的杠杆。

教学过程：教师引导学生观察这些工具的共同点，得到杠杆的定义——围绕一个固定点转动的硬棒。然后进行杠杆五要素的学习（图2-3-1），教师直接给出五要素的概念，再挑选几道习题对力臂的画法加以练习巩固。接着探究杠杆的平衡条件（图2-3-2），最后学习杠杆的分类和实际应用。

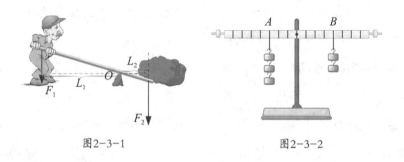

图2-3-1　　　　　　　　　　　图2-3-2

评析：这种教学顺序安排，力臂的概念是通过人用杠杆翘起石头给出的。力臂是一个抽象的概念，由于学生没有体验到建立"力臂"这一概念的思辨过程，特别是对于能力不足的学生，若没有足够时间练习，很难掌握力臂的画法，这也是作图题常见的失分点。特别是在做探究"杠杆平衡条件"实验时，为了便于读出力臂，限制杠杆要在水平位置平衡，这导致很多学生误把支点到力的作用点之间的距离作为力臂，反而干扰了学生对力臂概念的理解。

教学片段8

师：力的作用效果与什么因素有关？杠杆的转动效果与什么因素有关？

学生讨论后做出猜想：杠杆转动效果可能与力的大小、方向、作用点有关。

教师设计三个实验，指导学生完成。

实验一：在杠杆的左侧挂上钩码，让学生在杠杆的右侧由近到远按压杠杆，并一直要保持杠杆水平平衡（图2-3-3），学生感受手指在不同位置对杠杆施加力的大小。通过实验一，学生感受到要使杠杆保持平衡，离支点越远，施加的力越小（图2-3-4），得到杠杆的转动效果与力的作用点和力的大小有关的结论。

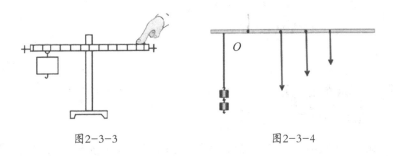

图2-3-3　　　　　　　　　　　　图2-3-4

实验二：在杠杆的左侧挂上钩码（图2-3-5），让学生在杠杆右侧同一位置沿不同方向拉动弹簧测力计，并一直要保持杠杆水平平衡，读出弹簧测力计的示数。学生发现，力的作用点是一样的，但力的方向不同，使杠杆平衡的力的大小也不同（图2-3-6），得到杠杆的转动效果与力的方向和力的大小有关的结论。

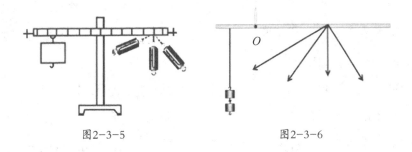

图2-3-5　　　　　　　　　　　　图2-3-6

结合实验一、二的现象与结论，学生认为杠杆的转动效果与力的方向、大小和作用点都有关。

实验三：教师在杠杆后加上一带有辅助圆的白纸，圆心和支点重合（图2-3-7）。在杠杆的左侧挂上钩码，让学生在杠杆右侧不同位置沿不同方向拉动弹簧测力计，但力的方向始终和圆相切，并一直要保持杠杆水平平衡，读出弹簧测力计的示数。学生发现杠杆平衡时，施加力的作用点是不同的，但只要支点到力的作用线的距离相同，力的大小就不变。

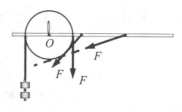

图2-3-7

师引导：我们发现杠杆的转动不是只受到力的作用点或者力的方向所影响，而是两者同时影响、共同作用。

生讨论后，得出：杠杆的转动效果与力的大小和支点到力的作用线的距离有关。

师：影响杠杆转动效果的不是支点到力的作用点的距离，而是支点到力的作用线的距离，说明支点到力的作用线的距离是个有意义的物理量，我们把它称为力臂。

评析：学生已有的认知水平是静止是物体的平衡状态和力的三要素影响力的作用效果；教师想要学生达到的认知水平是杠杆的平衡条件，在这两种不同程度的认知水平之间，教师提供力臂的概念框架，引导学生构建杠杆模型、加深对杠杆平衡条件的理解。

因此，在片段8中，教师为了让学生构建力臂的概念，搭建了三个实验支架，使学生的认知发展经历三个阶段：杠杆的转动效果与力的作用点和大小有关，与力的方向和大小有关，与力的大小和支点到力的作用线的距离有关，这三个阶段符合学生的认知规律，学生在体验感悟的基础上"同化"力臂的概念，再通过合作实验完成"顺应"的过程。教师并不急于将知识直接交给学生，而是要回溯到它创生时的原始状态，引导学生去经历知识的发生过程，重组原有认知结构，这样"力臂"概念才有可能真正被学生接受和容纳。

2."平面镜成像"教学片段对比研究

平面镜成像的特点，是光现象中重要的内容，它是光反射的重要应用。在教学实践中发现，很多教师都把这一节教学的重点放在探究实验的过程和结论上，而对于学生错误的前概念和实验器材的选择关注不够，使学生只是记住了而非理解，没有提升学生的科学思维等学科核心素养。

教学片段9

展示图2-3-8，师：你们看到的"像"是正立的还是倒立的？

生：倒立的。

然后把图旋转180°（图2-3-9），师再问：此时的"像"是正立的还是倒立的？

生：正立的。

师：同一张照片，女生在镜子中的"像"到底是正立的还是倒立的？

学生讨论思考，得：不同的视角，"像"的正倒不同。

师：那到底站在谁的视角看是合理的呢？

图2-3-8　　　　　　　　图2-3-9

学生讨论思考，得：要站在女生的角度看，才是合理的。

学生进一步分析，得：物体的像必须站在物体的视角上看。因此，女生的"像"是正立的。平面镜成的"像"也是正立的。

评析：通过实验探究，学生可以知道平面镜成像时，像与物关于镜面对称，所以平面镜成的像是正立的，水面倒影的成因也是平面镜成像，所以倒影也是正立的。可在实际生活中，有一部分学生认为倒影就是倒立的，新知识与旧经验不符，导致学生认知错乱。因此，在该教学片段中，教师通过对同一张图片进行旋转，巧妙搭建工具支架来改正学生错误的前概念。

教学片段10

教师出示图2-3-10，问：远处的道路真的变窄了吗？

图2-3-10

绝大部分学生会回答没有。

教师再追问：那为什么我们感觉远处的路变窄了？

学生思考：远处的路没有变窄，只是远了，看起来就窄！

教师再展示图2-3-11～图2-3-13，问：图2-3-11是一个人在照镜子，当人远离镜子时，人看到的是图2-3-12还是图2-3-13呢？

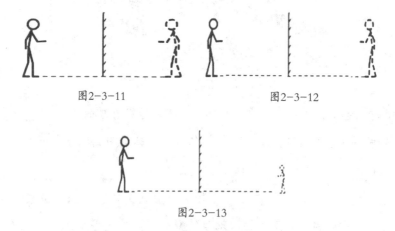

图2-3-11   图2-3-12

图2-3-13

至此，学生已经可以理解图2-3-13是很荒谬的。

学生有了体验感受，教师再展示图2-3-14，解释人之所以感觉物体远离就会变小，是因为物体远离会让视角变小，视角越小，人眼看到的物体就会越小。

实际上，物体的大小是绝对的，人眼看到的物体的大小是相对的（可变的）。

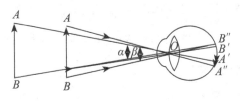

图2-3-14

评析：学生通过本节课的实验探究可以得到，平面镜成像时像与物的大小相等。由此推出，当物体远离平面镜时，像也远离平面镜，且像的大小不变。然而，由于错误的生活经验由来已久，学生潜意识仍会认为当物体远离平面镜时，像就会变小。即使当时理解了，一段时间之后遇到实际问题，仍可能不由自主选择错误答案。对此，教师可以巧设支架、构建认知冲突以改正学生错误的前概念。

图2-3-10属于范例支架，学生可以直观感受距离带来的视觉错觉，从而理解当物体远离平面镜时，像并没有变小，只是距离带来的视觉效果。图2-3-12和图2-3-13属于工具支架，通过正反例子相结合，给学生思想上和认知上的冲击，革新学生旧的感性认识，使学生深化结论：物体远离平面镜时，像的大小不变。

要想学得透彻，学生光靠具体例子体验感受是不够的，教师可再结合图2-3-14搭建一个建议支架，告诉学生具体而详细的理论分析过程。"体验"与"理论"双管齐下，学生的科学思维能力才能进一步被提升。[①]

教学片段11

情境导入：教师演示"水中蜡烛"实验，学生看到一个奇怪的现象——蜡烛在水中仍能燃烧。随后教师将实验装置转过一个角度，再让学生观察点燃的蜡烛的真实位置，学生发现水中的烛焰只是外部蜡烛通过玻璃板所成的像。

---

① 任少铎. 从"体验感受"到"理论分析"：革新学生错误的前概念教学——以"平面镜成像"为例［J］. 福建基础教育研究，2019（08），109-110.

引导探究：让一名学生站在平面镜前，其他人观察他在镜中的像，再让这名学生远离或靠近平面镜，观察像的位置和大小是否发生变化。由此进一步提出问题：像在哪？在平面镜后还是平面镜的表面？像与物的大小关系如何？要求学生根据观察到的现象和已有生活经验做出猜想。

学生活动：做出猜想。

师进一步提问：如何找到像的位置？要求学生小组讨论并设计实验方案。

学生讨论，提出想法：物体通过小孔成的"像"可呈现在光屏上，光屏的位置就是像的位置。可以在平面镜后放一个光屏，承接平面镜所成的"像"，光屏的位置就是像的位置。

教师提供实验器材，鼓励学生验证想法，学生操作后发现了问题：光屏上没有像，在蜡烛的一侧能看到像，但看不见光屏；在平面镜后的一侧，能看见光屏却没有看到像。

学生认为：不能同时看见光屏和像是因为平面镜不透明，需要把平面镜换成透明的玻璃板。

学生更换实验器材后，发现：光屏上始终无法看见"像"，但当光屏移动到一定位置时，从物体一侧看过去，像与光屏的位置能够重合，认为这就是像的位置。

教师和学生一起分析总结：平面镜成像与小孔成像的不同——"像"无法用光屏承接，我们把这种性质的像称为虚像。

师：我们找到了像的位置，那怎么比较像与物的大小呢？

有的学生会提出用刻度尺测量，教师让学生尝试后发现不可行。

教师拿出两张纸，问：如何比较这两张纸的大小？

生：把这两张纸重合。

生：把物体和像重合。

师：平面镜前的蜡烛不能移动，如何使物与像重合呢？

生：再找一个同样大小的蜡烛（替身）。

之后学生通过逆向思维发现，如果替身能与像重合，说明替身的位置就是像的位置，为测量物距和像距打下坚实的基础。

学生活动：分组实验，探究平面镜成像的特点。讨论分析，得到结论。

……

巩固：多媒体展示平面镜成像原理图，从理论上告诉学生平面镜为什么成的是虚像。

评析：在创设情境这一环节，教师根据学生喜欢"新""奇"的特点，制造一个学生意料之外的实验现象。该情境不仅激发了学生探究新知的欲望，还能通过它提示学生玻璃板是透明的，利用玻璃板既可以成像也能看到玻璃板后的物体，以此为突破教学难点搭建支架。

引导探究环节中，教师提供了建议支架，引导学生在像的位置、像的大小以及像与物到平面镜的距离三方面做出猜想，使学生有目的地观察"同学照镜子"，有利于提高学生观察的准确性，也有利于学生纠正不正确的前概念，全面掌握该节课的内容。

实验准备环节中，对于"如何找到像的位置"，如果学生毫无思绪，教师可提供范例支架——小孔成像，引导学生用旧知识经验积极思考，通过尝试错误的实验，不断修正最初的想法，提高物理思维能力。教师设置了简单的范例、实验支架，学生就能明白如何寻找像的位置，且意识到平面镜成的"像"与小孔成的"像"不同，教师在此时提出"虚像"的概念，可谓水到渠成。

实验准备环节中，对于"如何比较像与物的大小"，教师只是设置了一个简单比较纸的大小的范例支架，让学生思维落在"最近发展区"，学生轻而易举地想到了比较像与物大小的另一方法，即重合法。在重合法的基础上，再给物体寻找一个替身，进而演变为等效替代法。通过逆向思维，学生轻而易举地找到虚像的位置，有了像的位置和物体的位置，就能测量像距和物距了，这样就从根本上扫清了学生的思维障碍，有效突破了教学的难点。学生在教师的引导下，学会了观察法、替代法、重合比较法，物理思想得到了升华，找到了解决问题的金钥匙，提升了思维品质。

最后，教师通过多媒体工具支架，展示平面镜成像的光路图，从实验验证和理论分析两方面加深学生对虚像的理解。

四、支架式教学应用原则

(一)适时性原则

适时性是指教师要评估好搭建学习支架的时机是否合适,是否处在学生的"最近发展区",从而决定是否要给学生必要的教学支架进行协助。例如,课堂上除了有预设的问题会出现,还会出现一些生成性问题,教师应该根据这些问题的特点,灵活地决定是否需要搭建合适的支架来进行化解。

案例1:将装有适量碘的试管放到酒精灯上方加热,当试管中出现紫色蒸气时,学生知道,固态碘升华,从固态变成了气态。但是也有学生提出疑问,试管中的碘也有可能是先从固态变成了液态,然后从液态变成了气态。在学生有疑问的时候,教师一定要及时地提供恰当的支架帮助学生解决疑问。在此,教师可以建立表格支架,将碘的熔点为114℃,沸点为184℃,水的沸点为100℃,酒精灯的火焰温度为400℃,呈现在学生面前,让学生根据所给的数据自己分析试管中的碘有没有可能先变成液态然后变成气态。当然教师也可以提供另一个支架,即实验支架,设计如下实验:将另一支装有固态碘的试管放到热水中去,学生观察到试管的上方出现了碘蒸气,该实验能够直接说明固态碘升华的现象。

案例2:在物质由分子构成的知识的学习过程中,很多教师做将蔗糖溶解在水中的实验并告诉学生溶解之后我们看不到蔗糖,但是蔗糖还在水里面,以另一种形式——蔗糖分子的形式存在于水中,由于蔗糖分子很小,所以我们看不见它们。这个时候突然有个学生提问:怎么证明蔗糖颗粒是以一种更小的微粒存在于水中呢?这个时候教师可以给予一个建议支架:你可以尝试喝一下杯子里的水,因为杯子里的水是没有味道的,蔗糖是甜的,如果此时水是甜的,说明蔗糖还在杯子里,不过以一种更小的微粒的形式存在。教师也可以提供一个实验支架:把杯子里的水倒出来一部分放到太阳底下去晒,当水蒸发之后,可以看到蔗糖颗粒,说明蔗糖并没有消失,而是溶解到了水里。

（二）适度性原则

适度性是指教师要对当前的课堂状况进行评估，即当前的支架是否支持学生到达了他的最近发展空间，如果是，那么教师就应该拆除旧的支架以免干扰学生的进一步发展，或者让学生形成不必要的依赖，阻碍他们能力的发展。

案例3：在学习凸透镜成像规律的时候，我们借助实验支架让学生得到成像规律，借助图表支架帮助学生记住凸透镜成像规律。在具体的习题应用中，一部分学生无法及时回忆起规律，这阻碍了他对习题的进一步分析解答，此时我们可以重现图表规律，但是随着习题训练的次数增加，以及学生最近发展区的变化，就不应该每次都依靠图表，让学生形成依赖，此时凸透镜成像规律应该成为学生烂熟于心，可以随时应用的知识。

案例4：在光的折射现象中，可以借助实验和图像支架去帮助学生理解光斑移动和水位变化之间的规律，但是在多次实验和图像之后，应该总结出可以应用的结论：水位上升之后，入射点如何移动，光斑如何移动。学生应用结论去分析光斑移动的现象，而不是每次遇到光斑偏移的问题都要借助实验和图像支架，这样学生的思维没有办法升华，更加无法类比光的反射现象中镜子移动导致的光斑移动问题。实验支架是学习物理知识的好工具，但是不是任何时候解决物理问题都有条件去进行实验，学生应该学会在缺乏实验支撑时，将学过的知识迁移应用，举一反三。所以使用实验支架要适度，否则会限制学生思维空间的拓展。

（三）适切性原则

适切性原则是指所选择的教学支架要符合实际的教学内容和学生的学习水平。初中物理学习的内容大致有概念课、规律课、习题课、实验课等，课堂上还会出现一些生成性的内容，不同类型的内容应该采用不同的学习支架，有时同一主题的内容也会因为内容属性的不同而采用不同的支架。例如，教导学生如何使用实验器材时通常采用示范性支架，学生进行实验设计时采用问题支架。

案例5：在讲解分子间是有间隙的这一节内容时，很多教师在做酒精和水混合实验之前，会做一个黄豆和芝麻混合后体积变小的实验，这个实验支架用在这里不太恰当，在做这个实验时，学生头脑中的问题是：构成物质的分子是紧密无间地排在一起，还是彼此间存在一定间隙的，这样就增加了学生的疑惑。

案例6：在大气压的测量部分用铁桶实验，会有学生质疑将铁桶内的水先加热，后用冷水浇铁桶的做法，由于热胀冷缩的影响实验不准确，如果替换成以下实验会更好：家用真空压缩收纳袋将40 cm高的棉被压缩成10 cm高，在这个过程中抽气泵抽走了袋子里面的空气，使得里面的气压减小，收纳袋就在大气压强的作用下被压扁了。这个实验过程要持续大概一分钟左右，学生可以观察到棉被在大气压的作用下逐渐被压缩的过程，通过触摸压缩后棉被的结实程度，也可以初步感受大气压强的大小。

近年来，越来越多的物理课堂采用支架式教学模式，极大地提升了物理教学的有效性，同时也引发了一系列的反思。课堂是一个动态的过程，教师在实施支架式教学时需要机智地面对一些非预设性问题，在适当的情境及环节中适时地为学生搭建起递进式的支架，帮助学生一步步建立有关物理学科知识的概念。在支架的辅助下，教师在教学过程中要联系实际，创设真实或类似真实的生活情境，引发学生的认知冲突，促使学生积极主动地思考，让学生经历真实的探究过程，在发现问题和解决问题的过程中，学会基于证据进行科学的分析与推理，建构物理模型，让学生批判性地学习新知识，在学习过程中学会反思，学会质疑，形成科学的思维品质和创新意识。

总而言之，支架式教学模式运用于物理教学实践，极大地转变了学生的学习方式，调动了学生的学习热情，也提高了学生的科学思维能力，发展了学生的物理核心素养。该教学模式值得物理教师深度研发及运用，以提升物理教学的效率及教学水平。

第四节　深度化策略

深度学习是指在教师引领下，学生围绕着具有挑战性的学习主题，全身心积极参与、体验成功、获得发展的有意义的学习过程，在这个过程中，学生掌握学科的核心知识，理解学习的过程，把握学科的本质及思想方法，形成积极的内在学习动机、高级的社会性情感、积极的态度、正确的价值观，成为既具独立性、批判性、创造性，又有合作精神，基础扎实的优秀的学习者，成为未来社会历史实践的主人。[①]

深度学习是发展素养、注重理解和符合科学基本原理的学习。学生在深度学习过程中不是机械地拾取无用的知识碎片，而是积极去探索未知的领域，灵活地运用所学知识去理解世界、解决问题，真正做到学以致用。

一、深度化策略的基本特征

深度学习的理论不是某一流派的理论演绎，而是历史上优秀教育理论成果及优秀教学经验的汇聚与提炼，是对学习与发展的一般道路的现实探讨。深度学习的理论价值，不仅在于克服机械学习、浅层学习的弊端，让学生学得主动、积极；更重要的是，克服长期以来的种种二元对立，使教师、学生、教学内容（知识）获得高度的统一，使教学内容（人类历史文化、人类认识成果）实现其本应有的价值，使教师、学生在教学中获得最大发展，使学生能够形成

[①] 刘月霞，郭华.深度学习：走向核心素养［M］.北京：教育科学出版社，2018：32.

有助于未来持续发展的核心素养。深度学习具有五个特征，分别是活动与体验、联想与结构、本质与变式、迁移与应用、价值与评价，这五个特征是深度学习发生的重要标志及判断依据。①

二、深度化策略的理论基础

学术界普遍认为，深度学习首次作为一种学习方式被提出是在20世纪70年代。1976年，瑞典学者费伦斯·马顿和罗杰·萨尔乔首次提出和区分表层学习和深度学习的概念。②从此以后，更多的专家学者在此领域进行钻研和探讨。

我国在2005年才引进深度学习这一学术议题。2005年至2014年期间，深度学习在中国还处在研究初期，关于深度学习的研究数量较少。此阶段的深度学习可称为迁移说视角下的深度学习，关于深度学习的研究侧重于学习过程中深度思维的运用和能将所学的知识迁移到其他情境中的能力。2014年，教育部印发了《关于全面深化课程改革落实立德树人根本任务的意见》，受政策影响，此后关于深度学习的研究侧重于如何通过深度学习提升人的核心素养，深度学习的素养说随之产生。

（一）迁移说阶段的深度学习

2005年至2014年期间，深度学习的研究侧重点经历了阶段性转折。首先是深度学习的问题发端和概念提出，2005年之前我国对深度学习并没有给出明确的概念，基于当时的背景，教育技术专家黎加厚在国内最早撰文提出了"深度学习"一词并探讨其概念问题。他在2005年发表的《促进学生深度学习》一文中从国外翻译引进了"深度学习"的概念，提出深度学习是指"在理解学习的基础上，学习者能够批判性地学习新的思想和事实，并将它们融入原有的认知结构中，能够在众多思想间进行联系，并能够将已有的知识迁移到新的情境

---

① 刘月霞，郭华.深度学习：走向核心素养［M］.北京：教育科学出版社，2018：32.

② MARTON F, SALJO R. On Qualitative Difference in Learning: Outcome and Process［J］. British Journal of Educational Psychol-ogy, 1976, 46（1）：4-11.

中，做出决策和解决问题的能力"。①其次是侧重研究深度学习的技术工具，也就是信息技术在深度学习过程中发挥的作用。最后侧重点逐步转向教学策略建构，此阶段产生了许多新的教学模式，具有代表性的有王永花的混合学习模式和王文静的"学为导向"综合型课堂教学模式等。

（二）素养说阶段的深度学习

2014年以后，许多国内专家学者对深度学习进行了多元理论视角下的解读。其中较有代表性的包括郭元祥强调的深度学习对于知识的理解和处理②，郭华注重的深度学习达成学生个体经验与人类社会历史实践的关联③，卜彩丽提出的深度学习对学生的认知、个人和人际三个维度核心关键能力的培养。④三者都强调了对学习本质的关注，深度学习要指向学生核心素养的提升，改革涉及教学理念、教学方式、教学评价等多方面。从学术的内在理路分析，素养说下的深度学习研究无疑是对迁移说指导下的深度学习教学策略研究的继承和接续。⑤

三、深度化策略在教学过程优化中的实施

（一）活动与体验：学生的学习机制

教学片段1

步骤1：实验演示，观察讨论。

教师展示器材：装有碘颗粒的密封容器、酒精灯、打火机、一杯冷水。教师演示加热固态碘后，观察容器内产生紫色气体，将容器冷却后，观察到紫色气体消失，容器壁上附着一层黑色的固态碘。

---

① 何玲，黎加厚.促进学生深度学习 [J].计算机教与学·现代教学，2005（5）：29-30.

② 郭元祥.深度学习:本质与理念 [J].新教师，2017（7）：11-14.

③ 郭华.深度学习及其意义 [J].课程·教材·教法，2016，36（11）：25-32.

④ 卜彩丽，冯晓晓，张宝辉.深度学习的概念、策略、效果及其启示：美国深度学习项目（SDL）的解读与分析 [J].远程教育杂志，2016，34（5）：75-82.

⑤ 李晓雅.深度学习研究：国内学术史的回顾与反思 [J].宜宾学院学报，2020，20（3）：1-6.

教师引导学生讨论总结得出升华、凝华的概念及吸、放热情况。

步骤2：多媒体课件展示，认识生活中的升华、凝华现象。

教师利用课件展示图片、播放视频，介绍生活中的升华、凝华现象，学生观看并了解相应内容。

步骤3：习题训练，课堂检测。

学生完成相应习题训练，通过检测分析，教师了解学生掌握情况，教师精讲点拨，小组合作"兵教兵"。

教学片段2

步骤1：实验探究，完成实验报告单。

学生小组合作利用装有碘颗粒的密封容器、酒精灯、打火机、一杯冷水进行实验探究。用酒精灯的外焰将容器中的碘颗粒加热，观察碘的物态变化；再停止加热，观察容器壁，并将实验现象补充到实验报告单上。

教师引导学生讨论总结得出升华、凝华的概念及吸、放热情况。

步骤2：学生讨论列举生活中的升华和凝华现象。

小组将课前预习和查阅资料情况进行交流讨论后汇总，列举生活中的升华和凝华现象。教师要求学生根据它们的物态变化、吸收或放热情况对其形成过程进行解释，并列举与此现象相同的物态变化。

步骤3：学生活动，动手制作——霜。

学生实验：将冰块放入易拉罐中并加入适量的盐，用筷子搅拌大约半分钟，用温度计测量罐中冰与盐水混合物的温度，测得冰与盐水混合物的温度低于0℃，这时观察到易拉罐的下部和底部覆盖着一层薄薄的固体物质——霜。

应用所学知识，讨论分析固体物质的来源及成因，列举与此实验现象相同原理的自然现象。

步骤4：播放"雾凇形成"模拟实验的微视频。

物理兴趣小组同学课前进行"雾凇形成"模拟实验，并制作成微课视频。小组同学将樟脑丸碎块放进烧瓶，木塞内插有硬条，气球套在烧瓶口，酒精灯加热烧瓶，一段时间后观察到气球体积变大；停止加热一段时间后，气球变瘪，取下木塞，观察到硬条上出现白色絮状固体。

学生观看视频，并解释视频中的升华和凝华现象。

评析：教学片段1中，教师通过演示实验，利用多媒体课件引导学生认识升华和凝华现象，并设计了课堂训练、学生点评、教师精讲精练的内容环节。课堂完整，可控性强，但是学生获得的体验感较差，演示实验现象不易观察，更多时候学生是采用识记的方式获得知识。

教学片段2中，教师设计了系列实验活动。学生在实验报告单的指引下，小组合作进行实验探究，能更好地观察碘的物态变化过程，总结得出升华和凝华的概念。在学生的生活经验中，升华和凝华现象并不常见，特别是在南方生活的学生。教师通过设计学生活动——动手制作霜，激发学生的学习兴趣，形象直观的物理现象带给学生深刻的活动体验。物理兴趣小组同学课前进行"雾凇形成"模拟实验，利用简单的实验器材，模拟呈现升华和凝华物态变化，在课堂的有限时间内，将学生活动设计为微课的形式，把学生对课本知识的掌握过程变成学生的自主学习和活动的过程。学生在活动中走进了物理世界，在活动中学会了物理知识。

学生要成为学习的主体而不是被动的知识接收器，就得有"活动"的机会，有"亲身经历"知识的发现（发明）、形成、发展的过程的机会。[1]体验与活动是密不可分的，实验和活动能够让学生亲身体验升华和凝华物态变化的过程，不仅可以激发学生学习的兴趣，还可以培养学生动手操作的能力。深度学习提倡教学内容要简洁精练，教学目标要明确，目标太泛化相当于没有目标。因此，教学过程中的所有活动都不应随意设置，而是有一定的目的性，能实现教学目标。教学片段2中设计了实验报告单，对学生的观察有一定的指示性，为教学目标的达成设置了梯度。

学生的学习通常是从人类认识的结果开始进行的，他们不可能在有限的课

---

[1] 刘月霞，郭华. 深度学习：走向核心素养［M］. 北京：教育科学出版社，2018：51.

堂时间内经历曲折的探索过程。因此，对于一些高起点性的知识和概念，教师应带领学生进行合适的活动，如实验、讨论、演示等，让学生在活动中有所感悟和体验，主动地建构自己的知识体系。

（二）联想与结构：经验与知识的相互转化

教学片段3

步骤1：介绍眼睛的结构和作用。

教师通过挂图和课件展示，向学生介绍眼睛的结构，联系透镜的成像原理知识，教师设问，学生回答眼睛的视物原理。

步骤2：近视和远视的成因。

学生阅读课本内容，自学了解近视和远视的成因。

步骤3：讲述近视和远视的矫正。

教师利用课件、动画呈现近视眼、远视眼的光路图，并通过提问的方式引导学生思考相应的矫正方式，最后总结近视和远视的成像特点以及矫正方法。

步骤4：布置相应习题，进行强化巩固。

教学片段4

步骤1：阅读课本，了解眼睛的结构。

学生阅读课本，了解眼睛的结构，并将相应名称补充到讲学稿中，学生代表上台展示并介绍眼睛的结构和作用。

步骤2：实验演示，不同厚度的凸透镜对光线的偏折能力的差异。

教师演示：教师展示两块口径相同，厚薄不同的凸透镜，并引导学生观察平行光束通过凸透镜后的汇聚情况。学生观察实验现象后，可知相同构造下，凸透镜越厚，焦距越短，对光的折射能力越强。

实验室平时用的凸透镜厚薄不可调节，而眼睛的晶状体相当于一个厚薄可调的凸透镜，顺利引入水透镜。

步骤3：认识正常眼睛的调节。

学生分组实验：将蜡烛分别先后靠近、远离水透镜，保持水透镜及光屏的位置不变，调节水透镜的厚度，使光屏上成清晰的像。将实验过程和观察现象填入讲学稿的表格中（见表2-4-1）。

表2-4-1

蜡烛与水透镜的距离	调节水透镜（注水/抽水）	水透镜的厚度（厚/薄）	水透镜的焦距（长/短）	对光的折射能力（强/弱）

学生分析实验现象，可知正常的眼睛看近处的物体，晶状体变厚，对光的折射能力变强；看远处的物体，晶状体变薄，对光的折射能力变弱。眼睛相当于一架焦距可调节的照相机。

教师通过成像光路，分析正常眼睛焦距可调节的特点。

步骤4：近视眼和远视眼的成因及矫正。

学生分组实验：将实验装置恢复到初始情况。将蜡烛靠近水透镜，向透镜里注水，使光屏上成清晰的像。将蜡烛远离水透镜，观察光屏上的像变模糊。近处的物体能看清，远处的物体看不清，此时相当于近视眼。向前移动光屏，使光屏上成清晰的像。将光屏恢复到原来的位置，在水透镜和蜡烛之间放凹透镜，使光屏上成清晰的像。

学生讨论总结：近视眼的成因是晶状体太厚，像成在视网膜的前面，用凹透镜矫正。

讲学稿（节选）

探究三：远视眼的成因及矫正

将实验装置恢复到初始情况。

1. 将蜡烛远离水透镜，从水透镜中抽水，让光屏上成清晰的像。

2. 将蜡烛靠近水透镜，观察光屏上的像变模糊。远处的物体能看清，近处的物体看不清，此时相当于_____（近视/远视）眼。

3. 移动光屏，使光屏上成清晰的像。像成在视网膜_____（前/后）。根据学过的知识分析，这是为什么？_____。

4. 将光屏恢复到原来的位置，在水透镜和蜡烛之间放_____（凸透镜/凹透镜），使光屏上成清晰的像。

5. 用所学的知识解释：_____。

总结：远视眼的成因，晶状体太_____，像成在视网膜的_____，用_____矫正。

学生将实验过程和观察现象补充到讲学稿中，讨论总结：远视眼的成因是晶状体太薄，像成在视网膜的后面，用凸透镜矫正。

评析："联想"即唤醒或是改造以往经验的活动，"结构"即将以往经验融入教学中，使其得到提升以及结构化。《眼睛和眼镜》是透镜的初步知识、照相机成像原理、凸透镜成像规律等物理知识和生物学科知识融合的内容。教学片段3呈现的是传统、机械式的教学方法，教师采用教授法、问答法，学生获得知识的过程多数是机械式识记，容易遗忘和混淆。

教学片段4中，眼睛的构造和作用内容较为简单，学生可以通过阅读自学，自主完成。教师实验演示凸透镜的厚薄对光线偏折能力的影响，为后续正常眼睛、近视眼、远视眼的视物原理的理解搭建脚手架，同时通过表格的形式，让学生记录实验现象，梳理知识，这也是知识结构化的过程。

学生合作进行实验探究，利用自制水透镜等实验器材，经观察分析得出正常眼睛的晶状体焦距调节原理后，继续探究近、远视眼的成因和矫正方法。教师在教学过程中逐步引导，不断唤醒学生已有的经验和知识，使探究实验层层递进，使学生完善原有的认知结构。

讲学稿依据知识结构设计了知识内容，即眼睛的结构、正常眼的视物过程原理、近远视眼的成因和矫正方法。学生结合实验探究和表格，将知识内容有效串接，联想所学知识和经验活动，能巩固所学物理知识，将不同的知识点有机地整合在同一教学情境中，知识链条清晰，架构稳固。

日常教学中，我们还可以运用思维导图、结构图、图像等，让学生的记忆、理解、关联能力以及系统化的思维共同参与，将已有经验和新知识建立联系，形成自己的知识结构。

（三）本质与变式：对学习对象进行深度加工

教学片段5

步骤1：情境引入，提问设疑。

教师利用多媒体播放动画情境：建筑工地上用两种不同方式把相同的砖运到相同高度，引导学生思考，两种方式做的功是否相同，做功的快慢是否相同。

步骤2：比较做功快慢的方法。

教师提供图片情境：两名小朋友进行爬楼比赛，他们的体重相同，每层楼高相同。第一次，同时出发，从一楼到四楼，小明用时2min，小宏用时1.5min。二者做功是否相同？如何比较？如何比较做功的快慢？第二次，同时出发，1min后，小明爬到四楼，小宏爬到三楼。此次做功是否相同？如何比较？又该如何比较做功的快慢？

引导学生回顾"速度"知识，利用类比的思想，得出比较做功快慢的方法。

步骤3：功率的概念和计算。

合作学习功率的概念及计算公式，并通过例题规范计算应用、习题巩固。

教学片段6

步骤1：情境引入，提问设疑。

情境引入：播放微课视频，引导学生比较三位学生爬楼做功的快慢，组织学生进行计算，并思考如何比较同学做功的快慢。

步骤2：利用科学方法，进行概念学习。

运用控制变量的实验方法，采用两种方案：做功相同，比较时间，时间短的则做功快；时间相同，比较做功，做功多的则做功快。结合"速度"概念，运用类比法，思考做功和时间都不同时，如何比较做功的快慢。引导学生利用比值定义法，得出功率的概念。

步骤3：活动应用，计算比较功率大小。

学生分别计算三位同学爬楼的功率，比较谁的功率最大。教师巡视学生计算情况，点拨指导，规范计算格式。

活动设计：估测同学举哑铃的平均功率。学生讨论设计活动方案，用电子秤、卷尺和计时器分别测量哑铃的质量、高度和举哑铃的时间。要求每次把整个手臂举起。记录举哑铃的次数。记录所测量的物理量，并计算举哑铃的平均功率。

学生根据活动设计方案，进行实验测量和计算，在活动中理解功率的概念和相关应用。

评析：深度学习要求学习者能抓住学习内容的本质属性，对知识内容有全面的理解，并能做到举一反三，可以对所学知识实现迁移与应用。学生把握本质的过程需要注意以下两点：①教师不应直接将事物本质通过语言描述告诉学生，而应通过"探究""演绎""归纳"等方法让学生主动地把握学习内容的本质；②先提供标准正例，再提供非标准正例甚至反例，并且应在学生理解正例以后才给出反例，避免反例给学生造成思维上的混乱。同时，学生要有认真钻研的态度、较强的综合能力以及勇于创新的精神，才能够真正把握学习内容的本质，做到举一反三，闻一知十。

在教学片段5中，教师通过情境引入，对情境中的物理知识进行构建，在概念教学中，利用类比的方法，帮助学生理解功率的概念，以习题讲练的形式，将功率知识进行变式应用，这种变式应用方法在日常教学中最为常见。

教学片段6中，教学内容设计循序渐进，从科学方法角度对学生进行思维训练，学生对控制变量法、类比法和比值定义法的应用有更深刻的认识，这也是帮助学生把握本质的过程。合理利用科学方法，学习理解学科的本质属性，能为今后研究类似问题提供方法上的帮助。变式一：分别计算三位同学爬楼的功率；变式二：学生参与活动设计，估测人举哑铃的平均功率。学生通过真实情境下的变式训练，将功率知识实现迁移与应用，对知识内容进行深度加工，更能理解功率的意义，更好地学以致用，这也体现了从物理走向生活与社会的理念。

变式为学生创设了启发式的思维情境，引导学生主动参与思维过程，提高分析和解决问题的能力，促进思维的发展和创新。

（四）迁移与应用：在教学活动中模拟社会实践

教学片段7

步骤1：情境导入，从能量角度认识事物间的联系。

播放能量转化的课件，学生观看，从能量角度认识事物，并且意识到事物间的能量联系，思考有哪些能量发生了转化。

步骤2：认识能量转化的形式。

课件展示几个事例，教师引导学生指出生活中更多能量转化的例子，总结这些例子反映了各种形式的能量是可以相互转化的。学生补充填写教科书中能量转化"五角"图。

教学片段8

步骤1：趣味引入，激趣思考。

教师展示装置：外力作用下笔芯开始旋转，经久不歇。设疑思考，该装置具有的能量可以让它永远转动下去吗？

步骤2：图片展示，认识能量。

图片展示自然界中各种各样的能量，学生列举生活中常见的能量，联想前概念，从机械能的转化意识到各种各样的能量之间在一定条件下，可以相互转化。

步骤3：发散思维，开放性应用。

各小组利用实验室里已有的实验器材，合理设计实验，注意观察实验现象，找出这些现象间的联系，探究其中的能量转化。

（1）手持手动发电机，风力发电机：机械能转化为电能。

旋转的小兔玩具，手持电风扇：电能转化为机械能。

温差发电机：内能转化为电能。

短路燃锡纸：电能转化为内能。

带光电池的计算器：太阳能（光能）转化为电能。

太阳能小车：太阳能（光能）转化为电能，电能转化为机械能。

USB小夜灯：电能转化为光能。

水果电池，盐水电池：化学能转化为电能。

充电宝：电能转化为化学能。

加热空气，悬吊的纸圈旋转：内能转化为机械能。

擦燃火柴，空气压缩引火仪：机械能转化为内能。

教师总结：经过探究，我们发现不同形式的能量在一定条件下确实可以相互转化。科学家经过长期探索，发现自然界的各种现象变化常常伴随着能量的转化。能量转化的过程实际上是做功的过程，做功必然引起能量的形式改变。

"迁移与应用"解决的是知识向学生个体经验转化的问题，即将所学知识转化为学生综合实践能力的问题。"迁移与应用"需要学生具有综合的能力、创新的意识，同时，"迁移与应用"也正是有目的地培养学生综合能力、创新意识的活动。

评析：在教学片段7和教学片段8中，教师利用多媒体展示自然界中各种各样的能量形式，唤醒学生的个体经验，通过事例，帮助学生理解各种形式的能量，构建能量转化的知识。教学片段8中，设计了开放性的实验活动，鼓励学生根据生活中常见、熟悉的器材，探究其中的能量转化。通过现场的实验操作和实物的展现，比通过视频或者图片展示给学生留下的印象会更加深刻，更有利于学生的知识体系建构。这是一个引导学生走向"迁移与应用"的过程，学生将所学知识运用到生活实际中，在这个过程中将经验拓展和提升，可以培养学生的创新意识、综合实践能力。

在新课程理念的引领下，教师要摒弃填鸭式教学和题海战术，不能只重视考试的分数，虽然重复的练习可让学生在短时间里提高学习成绩，但是忽略了学生各种能力和素养的培养，对学生未来将要从事的社会实践并无多少益处。填鸭式教学和题海战术容易造成思维的定式，导致学生只能解决一些毫无创新性的问题。面对当今这个瞬息万变的世界，学生需要的不是刻在脑子里的毫无意义的文字和符号，他们要学会将学校里所学的知识进行转化，能够灵活运用，否则步入社会以后，面对变化多样的情境和事物，他们可能会因缺乏很多必备的能力和素养而感觉不适应。"迁移与应用"是将内化的知识进行扩展和外显化的过程，能将教学活动与社会实践联系起来，充分体现出教学是培养人的社会活动以及教学具有的教育性。

（五）价值与评价："人"成长的隐性要素

教学的终极目标和意义是培养人，是以人的发展为宗旨的。上述的教学片段案例中，教学内容的所有活动都内隐着"价值与评价"。学生与知识建立意义关联，形成自己的态度和判断，成为掌握知识的主体。深度学习将教学的"价值与评价"自觉化、明晰化，自觉帮助学生形成正确的价值观，形成有助于学生自觉发展的核心素养。

在教学过程中，教师应该多提供机会给学生表达自己的想法，培养他们对待事物要有反思和批判的精神，而不是觉得一切都理所当然、无须质疑，让学生能够在学习过程中主动进行质疑和评价，既要肯定知识的正面价值和相信知识带来的力量，又要避免被所学知识束缚和捆绑，注重人文教育内涵的挖掘，力求学习目标水平与学生心理发展水平相适应。例如，在教学片段2中，制造"霜"的过程可以让学生领略自然现象的美妙和和谐，产生亲近和热爱大自然的情感。在教学片段4中，学生经历实验探究的过程，认识矫正近、远视眼的原理和方法，可以养成实事求是、尊重规律的科学态度。在教学片段8中，在开放性实验应用中，学生形成将科学服务于人类的意识，并内化为振兴中华的使命感和责任感。

教师还要让学生理解，学习者进行学习是为了成为知识的主人，而不是知识的奴隶，学习的内容和方式都需要用反思和批判的态度对待。通过问题教学激发和培养学生的批判性思维是深度教学的突出表现。[1]不论是教学片段2中，学生探究活动后，进行讨论思考，发表意见，还是教学片段6中，学生合作设计活动实验方案等，都是培养学生独立思考能力和批判性思维的过程。

---

[1] 余文森.核心素养导向的课堂教学［M］.上海：上海教育出版社，2017：212.

物理教学，不是仅以知识的传授为最终目标，在传承知识的同时，我们还要体现物理学科研究问题的方法，传递用科学探索世界的精神，以及物理服务于社会生活的作用。从前文的教学片段案例中，我们都能看到实验、活动、探究贯穿教学，这也是物理学科以实验为基础的学科本质体现。学生在教师的鼓励和引导下，积极参与科学探究的过程，通过物理学习内化的带有物理学科特性的品质，是学生物理核心素养的关键成分。

教师重视过程性评价，力求评价信息多样化，主要有学生的作业、考试试卷、问卷调查表、课堂导学案、实验报告、研究性学习报告、小论文、小制作等反映学生学习和发展状况的原始资料。教师对上述内容的评价，包括教师给出的分数、评语、改进意见等，除此之外，过程性评价还包括学生的自评、互评，以及家长参与的评价。

过程性评价的方法有观察法、访谈法、行为描述法、测验法、随堂记录卡、成长记录袋评价法等。[①]实施评价后，要反思评价是否有效，是否能推动学生学业的发展，是否能促进学生的全面发展，是否能完善学生的人格，是否有助于学生形成正确的情感态度和价值观。

初中物理学科的核心素养包括物理观念、科学思维、实验探究、科学态度与责任，这些都是学生在学习物理知识后应该形成的适应社会和个人终身发展所必备的品质和素养。深度化策略在教学中能够促进学生的学习真正发生，让学生所学的知识得到迁移与应用，并且让学生的核心素养在课堂学习中逐步形成。

---

① 吴东兴. 高中物理探究式教学过程性评价的价值取向与评价方案设计［J］. 中学物理（高中版），2015（6）：15.

第五节　项目化策略

项目化学习是一种"教"与"学"的模式，关注的是学科的核心概念和原理，要求学生从事的是问题解决，其基于现实世界的探究活动以及其他一些有意义的工作，要求学生主动学习并通过制作最终作品的形式来自主完成知识意义的建构，以现实的、学生生成的知识和培养起来的能力为目标[①]。

一、项目化策略的基本特征

（一）指向核心知识的再建构

项目化学习要学生学的是关键学科概念、学科能力等核心知识，最终要学生实现知识的再建构。所谓知识的再建构，就不仅仅是说出定义，或举出例子就可以了，最重要的表现是能够在新的情境中迁移、运用、转换，产生新知识。当学生在新的情境中能够运用以往的经验产生新知识，就意味着实现了迁移和知识的再建构。

（二）真实的驱动性问题和成果

真实性是项目化学习的一个重要特征，但是，真实不一定就是生活中现实发生的。真实项目是指学生解决这个问题的思路在现实生活中是可以迁移的。即使在一个虚构的情境中学生也能够体验到真实，比如模拟登录火星，大家都知道这不是真的，但是学生在其中的思考方式和解决问题的方式是与真实情境

---

① 刘景福，钟志贤.基于项目的学习（PBL）模式研究［J］.外国教育研究，2002（11）：18-22.

相类似的。项目化学习更强调这种思维的真实。

（三）用高阶学习带动低阶学习

项目化学习指向高阶思维能力。项目化学习用具有挑战性的问题创造高阶思维的情境，激发学生学习的内动力，明确对学生提出带有问题解决、创造、系统推理分析等高阶认知策略的项目任务，让学生在由强大的驱动性问题所产生的内动力中创造一个真实的作品。在完成作品的过程中，在与各种材料和文本的互动中，学生再来进行低阶学习，主动查找、识记信息，将信息组织化，巩固和理解信息，形成完成这一作品所需要的知识网络和技能。[①]

（四）注重学习全流程的过程性评价

项目化探究学习坚持以过程性评价为主、以终结性评价为辅，强调学生、同伴、教师等多主体参与，重视评价的改进和激励价值。根据教学需要和反馈情况，评价对象可覆盖课程、项目、教师教学、学生学习等多个方面。评价一般采取组内评、组间评、全班评、教师评等形式，评价内容需综合考虑学生学习过程中的表现，如态度、兴趣、参与度、任务完成情况等。

二、项目化策略的理论基础

基于以上项目化学习的概念，其理论基础包括四大方面。

（一）建构主义理论

建构主义强调学生并不是一张白纸，是带着原有的经验走进教室的，因此新知识的获得是在原有的知识基础上产生的，是对原有知识的加工与重构。在项目化学习中，学生原有的经验和知识在解决实际问题和完成任务过程中得到应用，更重要的是在应用过程中得到重组和改造，形成新知识[②]。建构主义的

---

① 夏雪梅. 项目化学习设计：学习素养视角下的国际与本土实践［M］. 北京：教育科学出版社，2018：10-14.

② 斯特弗，盖尔. 教育中的建构主义［M］. 高文，徐斌艳，程可拉，等译.上海：华东师范大学出版社，2002.

学习理论强调学生是学习的主体，学生在教师的指导下，进行自我控制和相互合作的学习，教师只是意义建构的帮助者和促进者。

（二）多元智能理论

加德纳的多元智能理论强调学生的个体差异性，并推崇发挥学生突出的智能。在项目化学习中，学生有空间发挥自己的专长，通过利用自己的优势来完成各自承担的任务，因此个性能得到极大的发挥[①]。

（三）实用主义理论

杜威的实用主义理论强调教育中的儿童、经验与活动三大因素。学习发生在具体的活动当中，儿童是学习的核心，通过活动来对儿童的经验进行加工，儿童主动建构自己的新知识，这些内容在项目化学习中都得到了体现。

（四）终身学习理论

该理论认为，人的一生都在进行持续不断的学习。在项目化学习中，学生在解决实际问题过程中形成学习能力，将有益于学生的终身学习。

三、项目化策略在教学过程优化中的实施

项目化教学是强调以问题为基础，以学生为主体，以教师为导向的启发式教学。现在教师已不再是知识的权威，更多的是项目的引导者。

（一）项目化教学实施策略

下文在参考相关理论的基础上，结合教师个案对项目化教学中的关键策略进行了梳理和分析，意在优化项目化教学策略，形成可迁移的教学策略范例，提高教与学的质量。

1. 入项活动

核心概念的获得来源于对问题的认识和解决的过程，要通过营造真实或模拟的情境让学生产生浓厚的学习兴趣或认知冲突，提出驱动性问题。

---

① 夏惠贤. 多元智力理论与项目学习［J］. 全球教育展望，2002（9）：22-28.

2. 回顾与建构

让学生回顾以往所学知识或已有经验，通过多种方式探究收集相关背景信息，探索问题和已有经验、将要学习的核心知识间的联系。

3. 组建项目团队

统筹考虑学生的水平差异、兴趣特点等因素组建项目团队；明确分工，讨论设计草图和制作模型，形成探索问题解决的路径和初步成果。

4. 实施与评价

教师要逐步地引导学生开展项目化教学活动；项目团队既要接受同伴、教师或外部专家的建议与评价，也要对他人的成果进行评价，综合各方面的建议，修订成果。

5. 展示与汇报

组织开展作品展示、成果汇报，组内、组间开展互评；项目团队借助成果展示进行知识、技能和情感态度的总结。

6. 反思与迁移

反思项目化教学中的目标达成情况，接受总结性评价，并在类似的新情境中迁移与运用。

（二）案例分析

案例1：微项目化教学比较适合广大教师开展新的教学变革尝试，下面我将对人教版物理八年级下《功率》一节概念课的片段教学展开分析，探讨如何在一节课中实施微项目化教学。

1. 项目引入

建筑工地上，工人徒手搬砖，建造房屋；今天，我们也来一场搬书比赛，看看哪一组搬书比较快，体验一下工人的辛苦工作。

2. 项目计划

方案1：地上一共有10捆完全相同的书，每组搬5捆放到桌面，比一比，看谁更快搬完。

方案2：在相同时间内，比较哪组搬书多。

3. 项目实施

学生：将比赛结果填在表2-5-1和表2-5-2内。

表2-5-1

组别	书/捆	时间/s	做功快慢
甲	5	11	快
乙	5	15	慢

表2-5-2

组别	时间/s	书/捆	做功快慢
甲	6	5	快
乙	6	3	慢

4. 交流与展示

学生1：因为搬的书一样重，而且把书搬到了相同的高度，所以两人做功一样多。做的功相同，但甲组同学花的时间更少，所以他们做功更快。

学生2：在相同的时间内，甲组搬书比较多，所以他们做功更快。

教师：你们是用什么方法比较他们做功快慢的？

学生3：做功相同，比较做功的时间，时间短的做功快。

教师：还有其他办法吗？

学生4：时间相同，比较做功的多少，做功多的做功快。

5. 迁移应用

判断下列说法是否正确。

（1）机械做功越多，功率越大；

（2）机械做功所用的时间越少，功率越大；

（3）相同时间，机械做功越多，功率越大；

（4）机械做功越快，功率越大；

（5）机械做功越多，所用时间越少，功率越大。

通过小组内学生合作共同完成一项"搬书"的任务，提出"比一比哪一组更快"这一"驱动性问题",讨论比较"更快"的方案,实施这项任务,最后学生分享成果,从而引出"功率"概念,这就是一项微项目化教学。在学生已有知识和经验的基础上,通过"做"达到"学"的目的,这也是项目化教学的核心理念之一。

案例2:人教版八年级上册第六章《质量与密度》中密度的定义和属性是本章教学的重难点,学生容易受到"质量越大,密度越大"的错误影响,对于"同一种物质的密度与质量和体积无关(气体除外)"较难理解。于是,教师采用项目化教学让学生经历探究的过程,在"做中学",理解密度的核心内容。

1. 项目导入

导语:同学们都学过了质量,知道物体所含物质越多,其质量越大;反之,质量就越小。

(教师出示两个用纸包好的体积相同的物块)

师:请你掂量一下:哪个物块质量大?

(请学生体验)

师:假如一块是砖头,另一块是木头,你能区分吗?说出你判断的理由。

结论:体积相同的两个物体,由于组成的物质不同,其质量也不相同。

(教师出示两袋质量相同的大米和沙子)

师:请你区分一下,说出判断的理由。

结论:质量相同的两个物体,由于组成的物质不同,其所占的空间(体积)不相同。

结语:我们可以通过相同体积比质量,或者通过相同质量比体积的方法来区分由不同物质组成的物体。

2. 项目设计

问题:假如我们手中有两个质量不同、体积也不同的物块(铜块和铁块),怎样利用桌上的器材来区分呢?

[每个小组:两个立方体物块,一个涂红漆,另一个涂白漆(或者两杯液体,一杯是纯水,一杯是浓盐水);天平与砝码;刻度尺(或者量筒)等。]

（小组讨论）

由于学生有比较运动物体快慢的经验，自然会想到：通过比较质量与体积的比值，或者体积与质量的比值，也许能区分不同物质组成的物体。

学生交流区分方法，聚焦"通过比较质量与体积的比值来区分铜块和铁块"。

结语：我们一起来测量物块质量和体积。

3. 项目实施

学生分组操作，教师巡视指导，要求学生把测量的数据抄写在黑板上的表格中（见表2-5-3）。

（1）用天平分别测出两物块（两杯液体）的质量。

（2）用刻度尺分别测出两物块的长、宽、高，算出体积；用量筒分别测出两杯液体的体积。

（3）分别计算出物体质量与其体积的比值。

表2-5-3

研究对象	物理量	第一组	第二组	第三组	第四组	第五组
红色物块	质量/kg					
	体积/cm^3					
	质量与体积的比值/$kg \cdot cm^{-3}$					
白色物块	质量/kg					
	体积/cm^3					
	质量与体积的比值/$kg \cdot cm^{-3}$					
液体A	质量/kg					
	体积/cm^3					
	质量与体积的比值/$kg \cdot cm^{-3}$					
液体B	质量/kg					
	体积/cm^3					
	质量与体积的比值/$kg \cdot cm^{-3}$					

讨论：涂红漆和涂白漆的两个物块，究竟哪个是铜块，哪个是铁块？ A 杯液体和B杯液体，究竟哪杯液体是盐水，哪杯液体是纯水？根据测量结果和你的经验判断一下。

操作：用小刀刮去漆皮，观察物块的本色；再尝一尝液体的味道，看看你的判断或猜想是否正确。

4. 项目展示

观察各组提供的测量数据，你能获得哪些信息？

学生讨论、提炼和归纳，得出结论：同种物质组成的物体，其质量与体积的比值是相同的。不同物质组成的物体，其质量与体积的比值是不相同的。

讲解：

（1）质量/体积是一常量，从数学角度说明：同种物质组成的物体，其质量与体积成正比。

（2）"同种物质组成的物体其质量与体积的比值相同；不同物质组成的物体其质量与体积的比值不相同"，在物理上说明：质量与体积的比值揭示了物质的某种性质，这种性质我们称之为"密度"。

采用学生自主学习的方式进行归纳总结。

（1）密度的定义：某种物质的质量与体积的比值，叫作这种物质的密度。

（2）计算密度的公式：密度 =质量/体积；代数表达式为$\rho = \dfrac{m}{V}$.

（3）密度的单位：千克/米^3；常用单位：克/厘米^3。

5. 项目评价

（1）比较一下，哪一组数据采集得既快又准？与其他小组的数据比较，有没有明显的差异？出现偏差的原因是什么？

（2）学会了测定物质密度的基本方法，那么在具体测量时要注意些什么？

6. 迁移应用

（1）物质的这种性质在日常生活中和工农业生产中有广泛的应用，举例说明。

（2）课堂巩固练习。

案例3：《变阻器》属于人教版九年级物理第十六章第4节课的内容。教材先提出"有什么办法在不改变电源两端电压的情况下，逐渐改变小灯泡的亮度"的疑问，再通过"改变接入电路中的铅笔芯的长度"实验，引入了一个新的电路元件——变阻器。由于电流是看不见的，所以判断滑动变阻器的有效电阻成了学生掌握变阻器的使用过程中的一个重难点。于是，学生想到自己动手制作可视化变阻器，从而可以直观理解变阻器的有效电阻和掌握判断滑动变阻器的有效电阻部分的能力。

1. 项目导入

风是看不见的，我们可以通过观察树叶的摆动来"看见"风；磁场是看不见的，我们可以通过观察小磁针的转动来"看见"磁场；电流同样是看不见的，我们可以用什么方法"看见"电流呢？

2. 项目设计

（1）查找资料：收集、整理和阅读相关的资料。

① 什么是滑动变阻器：滑动变阻器是电路元件，它可以通过改变自身的电阻，从而起到控制电路的作用。在电路分析中，滑动变阻器既可以作为一个定值电阻，也可以作为一个变值电阻。滑动变阻器的构成一般包括接线柱、滑片、电阻丝、金属杆和瓷筒五部分。滑动变阻器的电阻丝绕在绝缘瓷筒上，电阻丝外面涂有绝缘漆。

② 滑动变阻器的接法：滑动变阻器有A、B、C、D四个接线柱，我们称之为"两上两下"，即两个上面的接线柱，两个下面的接线柱。A、B之间是电阻丝，C、D之间为金属杆。C、D之间可以来回移动的为滑片，我们一般用字母P表示。滑动变阻器就是靠滑片的移动来改变接入电路中的电阻丝的长度，进而靠改变电阻来改变电路中的电流大小的。按照排列组合的原理，滑动变阻器接入电路中的方法有6种，分别是AB、AC、AD、BC、BD、CD。

③ 工作原理：通过接入电路中的电阻丝的长度来改变电阻大小，从而改变电路中的电流。

（2）制作材料：剪刀、钳子、电烙铁、焊锡、滑动变阻器、红色LED灯带、蓝色LED灯带、学生电源、保护电阻、导线。

3. 项目实施

（1）制作可视化变阻器

学生分组操作，教师巡视指导。学生把LED灯带缠绕在磁筒上，再利用电烙铁焊住导线接口。

（2）制作成品测试

① 连接电源输出电路。

连接电源输出电路，学生电源选择12 V交流电。

② 将滑动变阻器接入电源电路。

均接上接线柱（即C、D端），观察LED灯带发光情况。

均接下接线柱（即A、B端），观察LED灯带发光情况。

③ 接上下接线柱。

A、C端接入电源电路，观察LED灯带发光情况。

B、C端接入电源电路，观察LED灯带发光情况。

B、D端接入电源电路，观察LED灯带发光情况。

A、D端接入电源电路，观察LED灯带发光情况。

测试结果（见表2-5-4）：

表2-5-4

序号	接线柱	LED灯带发光情况	备注
1	C、D端	LED灯均不亮	
2	A、B端	红、蓝色LED灯均亮	
3	A、C端	红色LED灯亮	
4	B、C端	蓝色LED灯亮	
5	B、D端	蓝色LED灯亮	
6	A、D端	红色LED灯亮	

4. 项目展示

采用学生自主学习的方式进行归纳总结。

5. 项目评价

活动评分表见表2-5-5。

表2-5-5

评分方式	活动准备（查阅资料、物品准备）（20分）	活动过程（参与程度、小组合作、责任心、社会环境意识）（40分）	成果展示（任务单完成情况、展示汇报效果、设计作品）（40分）	合计得分	评价人签名
自我评分					
小组成员互评					
小组互评平均分					
教师评分					

6. 迁移应用

如图2-5-1所示，是一种测定油箱内油量的装置。其中R是滑动变阻器的电阻片，滑动变阻器的滑片跟滑杆连接，滑杆可以绕固定轴O转动，另一端固定着一个浮子。油箱中的油量减少时，油面下降，这时浮子的下降会带动滑动变阻器的滑片向_____移动，从而使滑动变阻器连入电路的电阻变_____，电流表的示数变_____。电流表上一定量的示数对应着油量的多少，将电流表的示数改为体积数，就可以直接显示油量了。

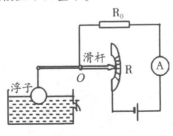

图2-5-1

项目化教学法经过众多学者多年的研究和实践，被确定为一种极其有效的教学方法。经总结：①项目化课程教学模式应在完善人才培养方案和课程体系的基础上进行设计，在培养学生实践能力的同时，要注重将学生人文素养的培养贯穿到课程中进行。另外，应重视对项目的选择和实施环境的保障。②项目化课程在实施过程中，不应生搬硬套，要根据学校、学生、课时数等具体授课条件进行合理的教学设计，以期达到预期教学目的，从而提高教学质量。

第六节　活动化策略

活动化策略是根据教学目的设计针对性活动，是符合不同学生认知心理，从而激发学生的内在学习动力，促进学生形成符合自身的知识系统，帮助学生培养元认知能力，为学生的终身发展和终身学习奠定基础。

一、活动化策略的基本特征

活动化策略有几种特有的典型形式，分别是操作学习、项目学习、做中学、综合实践活动等。

（一）操作学习

操作学习区别于其他学习形式的突出特征是，学习者是在实际操作的活动中进行学习的。其对象是实际事物或学习者自身的身体器官动作，而不是文字符号，他人或事物的形象；形式是实际动手操作，而不是言语行为或静听、静观、静思。操作学习主要在两种活动中展开，一种是工具性操作活动，它以物质性的工具作用于实际事物，如制作、实验、劳动、工具游戏、雕塑、绘画和器乐演奏等；另一种是身体器官活动，其特征是活动者以自身身体器官为操作对象，如唱歌、跳舞、戏剧表演和各种体育活动等。新课程改革的形势下，新课标对于物理实验操作能力的要求越来越高，不再局限于学生能运用物理知识的层面上，实验操作考试也在中考的改革中占有一定的比例。2023年广东省中考要求中明确提出，实验操作考试在中考中占有8分的分值，加入中考总分。在物理教学中，一部分实验是教会学生操作工具，例如电流表的使用规则，电压表的使用规则，电能表的使用规则，刻度尺的使用规则等实验；还存在一部分实验不仅能够帮助学生熟悉器材的具体操作，还能帮助学生体验科学探究过程，总结探究规律，例如探究平面镜成像规律，探究串并联电路电流规律等。由此可见，操作学习在物理教学中有着极其重要的地位。

（二）项目学习

项目学习在前一节中已进行详细探讨，此处不再赘述。

（三）做中学

"做中学"是教育家杜威的著名教育理论，他主张教学的过程要和现实生活紧密联系。他将"做中学"的理论归纳为以下几个步骤。

第一，学生要有一个真实的、经验的情境。

第二，在这个情境内部产生了一个真实的问题，作为思维的刺激物。

第三，学生要占有知识资料，从事必要的观察，应付这个问题。

第四，学生必须负责一步步地开展他所想出的解决方案。

第五，学生要有机会通过应用来检验自己的想法，使这些想法意义明确，并且由自己去发现是否有效。

杜威的教育观点提倡学生摒弃只能静静听课的教学模式，他认为"做中学"可以有效地培养学生的创造力和思维能力。他甚至提出有条件的话可以在实验室、工厂、园地等场所进行教育教学活动。

（四）综合实践活动

综合实践活动需要学生通过社会实践、社区服务等途径进行学习，与学生生活实际联系比较紧密，能使学生融入社会生活中，以汲取综合学科的知识，是多学科知识与社会实际生活紧密融合的一种途径。这样的综合实践活动可以在帮助学生巩固物理知识的同时，让学生深刻地体会物理在生活实际中的应用，培养学生科学的价值观和分析解决问题的能力。

二、活动化策略的理论基础

（一）活动化策略与人本主义心理学的关系

马斯洛的人本主义心理学认为，心理学是探讨人的科学，该心理学理论反对以第三人称的形式研究人的心理，支持以第一人称的形式来进行自我研究。人本主义心理学的支持者相信每一个人都具有发掘自己潜力的能力和动力，他们的研究关注鼓励人的自我实现，尊重每一个个体自由选择自己发展方向的权利。关于学习，人本主义心理学家康布斯认为："行为和学习是知觉的产物。一个人大多数的行为都是他对自己看法的结果。"从人本主义心理学研究出发，学习的过程不是取决于提供者提供的材料或活动，而是在学习的过程中，学习主体对于自身的认识、反思，以及完善自身的过程。

活动化策略应用在教学过程中，教师根据教学目标和教学内容设计活动，以学生为主体进行活动化教学过程。结合人本主义学习心理理论，在此过程中，教师的活动设计应引导学生自主选择，尊重学生个体的主观意识做出的选择，帮助学生学习预设课程内容的前提下，使学生在活动化教学过程中完成团队合作，审视自身，反思学习过程，培养元认知能力。从人本主义心理学角度出发，活动化教学策略能够充分尊重学生个体的选择，也能够在交流与合作过程中给予学生足够的空间发挥自我，为自己的选择负起责任。因此活动化策略在教学中符合人本主义心理学对于学习过程的认识。

（二）活动化策略与认知主义心理学的关系

认知主义心理学认为学习过程是体现人的主体价值的活动，其充分肯定人的主观能动性，强调人在认知过程中独立思考的能力，注重学习者对于学习内容意义的理解。认知主义心理学主张，人的学习过程除了取决于外部条件的刺激和人自身的努力程度外，还与人自身已有的认知水平、知识储备有关。因此，认知主义心理学更强调个人对于学习的准备预习，重视人的内在动机和学习活动对于自身的强化作用。

认知主义心理学的教育思想主张以学生为中心，学生是加工信息的主体，教师应该从知识的灌输者转变为学生知识建构过程中的引导者、辅助者。在实际的教学中，学生是在自身已有的知识结构上顺应或同化现存的新知识，主动积极地构建自己的认知结构，赋予新知识自我认知的意义。

在此心理学的基础上，活动化策略的设计要满足系统性的要求，在符合当前学生认知水平的同时，选择合适的方法将合适的材料、资源整合在一起，引导学生从预习准备出发，到新知识的探究学习总结，最后给予反思反馈，形成一个系统化教学过程。

活动化策略还需要具有启发性。教师在活动的设计过程中应引导学生在完成活动的同时，主动积极地调动已有知识和解决问题的策略，与新知识建立联系。活动对学生的学习是具有启发性的。活动化策略具有主体性，活动设计不仅可帮助学生获得基本知识和基本技能，还要体现学生在活动中的主体作用，充分发挥学生的主观能动性。

（三）活动化策略与行为主义心理学的关系

行为主义心理学认为学习是刺激和反应的联结，学生的学习是对外部环境的一种反应。对于学校教学，这种学习理论对教师的要求是能够设计适合学生的外部环境，掌握塑造学生行为的关键和矫正学生行为的方法。该理论指导下的活动化策略，就需要教师能够创造一个活动环境，帮助学生接受刺激，产生相应的反应，完成自身的学习过程。行为主义学习理论要求最大程度上帮助学生强化正确的行为，消除不正确的行为对学生的影响。

三、活动化策略在教学过程优化中的实施

随着教育改革的推进，教师逐渐转变为研究型教师，一线教学中对于活动化策略的应用经常以各种形式出现在物理教学常态课中，而在示范课、公开课以及赛课中，活动化教学策略的应用更是遍地开花。但笔者经过对于课例的研究和对比，发现在课堂中活动化策略的应用存在着很多问题。

（一）物理探究性实验引导过程启发性不够，限制学生思维

初中物理教学中的实验主要以探究性实验为主，目的是使学生在掌握知识

的基础上，培养其发现问题、提出假设的能力。近些年来初中物理题目的考查也越来越灵活多变，就是为了能尽量筛选出更具有探究精神的学生。这就需要教师在日常实验教学中渗透探究性实验的思想，启发学生思考，敢于提出有根据的猜测。而现实的教学过程中有的教师局限于课本知识，引导学生探究影响因素时，只是根据结论进行目标性的引导，学生的思维得不到发散，或者猜想中存在的疑惑不能得到及时的处理，从而不利于学生探究思维的培养。下文以两个《压强》教学片段举例说明。

教学片段1

步骤1：讲解完压力的概念后，播放PPT，展示课本图片。

授课教师展示图片，如图2-6-1所示。

在茫茫的雪原上，步行的人双脚会陷得很深，滑雪的人却很轻松，几乎陷不下去。

图2-6-1

师：为什么一个人可以站立在雪上，另一个人却陷入雪中？

生：因为有滑雪板。

（授课教师拿出气球，双手夹住，一只手用手掌，一只手用指尖）

师：压力是不是相等的？

生：是。

师：压力相同的情况下，哪一侧的作用效果更明显？

生：手指。

师：对，手指的一侧作用效果更加明显。

（请学生拿出自己的铅笔，两只手夹住笔尖和笔尾，感受一下哪一侧比较痛，并观察指尖的凹陷程度）

生：笔尖接触的指尖的凹陷程度比较明显，作用效果比较明显。

师：那根据这些，我们猜想一下，压力的作用效果与哪些因素有关？

生：与压力的大小和受力面积有关。

师：我这里有一块容易变形的海绵，一大沓书，还有一个板凳，接下来我们就利用这些实验器材完成对于压力作用效果的影响因素的探究。

（演示板凳的四脚和板凳的凳面分别压在海绵上的情况，提醒学生观察实验现象）

师：通过观察，我们发现了什么？

生：当压力一定时，受力面积越小，压力的作用效果越明显。

……

（演示手指用不同的力度挤压气球，让学生观察气球的凹陷程度）

师：是什么导致气球的凹陷程度不一样？能说明什么问题？

生：压力的大小不一样，压力的大小会影响其作用效果。

（演示当书本压在凳子上和没有书本压在凳子上，用凳面去压海绵时的情况，观察海绵的凹陷程度。完成实验，要求学生填写学案，并完成实验总结）

教学片段2

师：拿起桌面上的气球，置于你的手掌和手指之间，分别用小力和大力按压气球，观察气球的形变程度以判断压力作用效果。

生：大的压力下形变程度更明显，压力的作用效果更加明显。

师：根据刚才大家的活动我们可以看出，不同的情况下压力的作用效果会有所不同。接下来请同学们根据刚才的实验继续思考一下，影响压力作用效果的因素有哪些？

（两分钟的思考和讨论）

师：请同学一起来分享一下。

生1：压力的作用效果与压力的大小有关，还与受力面积大小有关。

师：请问你根据什么提出的猜想呢？

生1：当我们用不同力度挤压气球的时候，发现指尖与气球的接触面凹陷程度不一样。当我们用手掌和指尖夹住气球的时候，气球的凹陷程度也不一样。因为气球处于平衡状态，所以气球两边压力相同，但受力面积不一样，因此我猜想受力面积不同时，压力的作用效果也会不同。

师：非常好。同学不仅通过小实验观察和猜想出影响因素，还能够有理有据地进行猜想，这也是科学探究的一种态度。那还有没有其他的猜想呢？

生2：我猜想压力的作用效果可能和物体材料有关，我发现用力压桌子的时候，手的凹陷程度比桌子的大。

师：非常好的猜想，这里就需要大家注意同一物体的形变程度是可以反映压力作用效果的，但不同物体的形变程度还和材料的倔强系数有关，所以不同材质的实验材料不能够用来对比压力的作用效果。当多个因素同时影响同一物理量时，我们要用控制变量法来验证我们的猜想。现在提供给大家很多实验器材，请大家小组配合选择你们需要的实验器材，实验验证我们的猜想。一会儿请同学上来分享。当然你也可以提出其他的猜想进而加以验证分享给我们。

……

学生分享实验结果，并展示实验过程图片，以及使用的实验器材、实验中遇到的问题等。

教师最后进行实验点评、疑问解答和结论汇总。

评析：

1. 素材选择上的对比

以上两个教学片段都是关于压力作用效果的影响因素的探究实验，此类活动化教学策略是初中物理教学中常用的。片段1中教师选择图片展示、演示实验和学生小实验，分别进行猜想的引导和活动的组织。片段2中教师让学生自主用气球体会压力的作用效果，引导学生进行猜想。在教学材料的选择上，前者更加丰富，展现形式也更加多样。但笔者认为气球的演示实验和铅笔的体会实验可以精简。

2. 实验引导猜想的差异

教学片段1中教师对于压力作用效果的影响因素的引导，先是演示指尖和手掌挤压气球时气球的形变程度不一样，进而问学生为什么会有这样的不同，引导学生进行猜想，然后通过演示实验带领学生进行实验猜想的验证，最后让学生自行总结在学案上，一次性完成教学过程。

教学片段2中教师开始让学生体会气球实验，以此来说明压力作用效果会有不同，进而引导学生通过观察形变程度来对比压力的作用效果，然后让学生自行发挥完成对于压力作用效果的影响因素的猜想。提问方式也比较有深度，不仅让学生提出自己的猜想，还要求学生说明依据。对比片段1，这位教师的实验探究活动的策划过程更能够给予学生充分的自主性，还能够渗透探究性科学实验的猜想过程。此外，除了常规猜想外，教师还引导学生猜想其他因素，让学生明白科学实验探究过程中，我们的猜想不一定全部都是正确的，使学生完整地体验了科学的实验探究过程。

对比后不难发现，教学片段2的授课教师活动设计的完整性更强，而且学生自主性更大。不仅如此，其活动设计更具有启发性，问题的提出不仅能够引导学生注重科学探究思维过程，还给予学生足够的思考空间，靠其自己的体验和思考提出猜想，完成假设。

（二）活动设计过多，时间紧张，学生内化时间不充足

笔者经过对很多课例的研究和对比，发现很多教师在上课过程中，为了将一个物理理论知识讲解清楚，会列举大量的生活实例来帮助学生理解和分析，但由于现实课堂时间设置有限，实例讲解速度过快，而留给学生的思考内化时间不充足。另一方面，教师在已经熟悉考试题目的情况下，列举的实例很多来源于习题，这也不利于课后学生巩固知识——学生做题时往往凭借老师的结论直接作答，不利于学生创新能力和独立思考能力的培养。因此，教师应该进行精而优的选择，在引导学生理解理论知识的同时，也给予学生足够的时间思考内化，可以再提供一个新的相关知识点情境，让学生进行讨论，同时作为课堂教学效果反馈。下文以两个教学片段进行对比介绍。

教学片段3

步骤：教师引导学生回顾牛顿第一定律的内容，强调牛顿第一定律中"一切""不受力"等关键词，PPT展示牛顿第一定律的具体内容。

师：根据牛顿第一定律可知，一切物体都具有保持静止或匀速直线运动的性质，这种性质，我们叫它——惯性。

板书：

一切物体都具有保持静止或匀速直线运动的性质，这种性质，我们叫它——惯性。

师：物体什么时候具有惯性呢？哪些物体具有惯性？

活动1：组织学生利用小车、木块演示推着小车突然停止后木块前倾的过程（图2-6-2）。

图2-6-2

师：为什么木块会向右倾倒？

生：因为木块具有惯性。

师：对的，大家一起跟着老师分析一下惯性对于木块运动状态的影响。首先，小车上的木块原来随小车一起向右运动；小车由于受到阻碍突然停止运动；小车上的木块由于惯性仍然要向右运动；但因为木块下部受到小车的阻力而静止，于是木块会向右倾倒。那接下来请各位同学利用刚才学到的知识来解释一下下面的物理情境。

活动2：拿出准备好的一件衣服，上面沾了一些粉笔灰，拍打衣服，提醒学生观察衣服被拍打后的现象。

师：请大家利用所学知识解释一下，为什么衣服变干净了？

生：首先，衣服上的粉笔灰原来随衣服一起静止，衣服由于受到击打突然运动，衣服上的粉笔灰由于惯性仍然要停留在原来位置，所以灰尘离开了衣服，在重力的作用下向下掉落。

师：根据大家的分析不难发现，运动的木块具有惯性，静止的灰尘也具有惯性。因此，惯性与物体运动状态无关，并且运动和静止的物体都具有惯性。

活动3：让学生拿出准备好的纸箱，对着点燃的蜡烛一拍，观察停止拍动后的情况。

师：你能看到什么？能说明什么问题？

生：用手拍动纸箱后，箱内的空气受到挤压从洞口喷出，停止拍动，箱内空气由于惯性要保持原来的运动状态，继续向前运动把蜡烛吹灭。

师：非常好，说明气体也具有惯性。

活动4：在桌面上拖动一杯水，突然停止，发现水溅出杯子，引导学生发现液体也具有惯性。

教学片段4

同教学片段1一样，通过复习牛顿第一定律，强调重点词语的物理意义，牛顿第一定律的适用范围、适用条件等，引出惯性的定义。

活动1：展示图2-6-3，公交车突然刹车，乘客前倾。

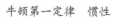
牛顿第一定律　惯性

图2-6-3

师：为什么会有这样的情况？

生：由于惯性。

师：首先，公交车上的人原来随车一起向前运动，公交车由于受到阻碍突然停止运动，车上的乘客由于惯性仍然要向前运动，但因为人的脚受到车的阻力而静止，于是人会向前倾倒。那接下来，请大家利用所学知识，解释一下下面的情境。

活动2：拿出锤子，锤头放在锤柄的顶部，一起向下掉落，遇到桌子停止。

师：同学们观察到什么现象？

生：锤柄进入了锤头，两个连在了一起。

师：那大家能不能利用惯性的知识进行解释呢？

生：首先，锤柄上的锤头原来随锤柄一起向下运动，锤柄由于受到阻碍突然停止运动，锤柄上的锤头由于惯性仍然要向下运动，于是锤柄会进入锤头中。

活动3：拿出一杯水，放在桌子上，推动水杯，突然停止。

师：大家可以用惯性来分析一下以上情况吗？

生：首先，杯子中的水原来随杯子一起向前运动，杯子由于受到阻碍突然停止运动，杯子中的水由于惯性仍然要向前运动，于是杯子中的水会溅出来。

师：也就是说，液体也是具有惯性的。

活动4：展示图2-6-4，学生挤压瓶子将蜡烛吹灭了，引导学生认识气体也具有惯性。

图2-6-4

评析：

1. 教学素材上的对比

在同一内容的教学中，两位教师在教学素材的选择上都是差不多的，符合生活实际，不仅能帮助学生掌握知识，还能够激发学生学习兴趣。两位教师在教学过程中不仅有图片的展示，还有实验的演示体验，从不同维度帮助学生体会实验过程，掌握知识，用知识分析生活现象，充分地体现了物理教学过程中从现象到理论，从理论回归生活实际的教学理念。

2. 活动组织质量和时间安排上的对比

在教学片段3中，教师利用拍纸箱的实验，来帮助学生利用惯性解释生活中的现象，而且连贯地引出气体具有惯性的实验证明，帮助学生理解惯性的同时，节约了教学时间。教学片段4的教师在活动2的选取上略显累赘，虽然也是让学生利用惯性解释问题，但在时间的利用上并不高效。因此，教师应该对教学活动的设计花心思，打造高效课堂。

（三）活动化策略教学过程中，教师的活动设计完成度不高

在常规的教学活动设计中，教师往往在前面设计新颖的实验活动以激发学生学习兴趣，帮助教师完成新课的引入。但笔者经过实际教学过程研究和观摩公开课发现，很多教师的教学活动设计心思独特，内容丰富，但由于教学时长限制或教学活动设计不完善等原因，引入时设计的教学活动或引发学生思考的问题没有得到及时的总结和解决，使课堂活动化教学策略的设计不完整，此类问题经常出现在课堂引入和知识讲解的过渡活动设计中。下文以两个教学片段为例，来分析此类问题。

教学片段5

（前面设计了实验引入，后面没有总结、回答和反馈）

教师演示"压手掌"的游戏，并提问：是什么东西"黏住了"手掌？

教师继续演示"易拉罐变瘪"的小实验并提问：是什么力量"压扁了"易拉罐？

教师引导学生类比：我们生活的地球表层就有大气层，气体就像液体一样没有形状，具有流动性，那气体是否也和液体一样在它的内部存在压强呢？

教师演示实验：拿出空矿泉水瓶（底部有孔），将小孔用手堵住，灌满水，用乒乓球顶住瓶口，慢慢倒置，水流不出来，乒乓球不掉下来。提出问题：乒乓球为什么没有掉下来？到底是谁托住了乒乓球和水？

学生讨论并得出结论：是乒乓球下方的空气的作用。

教师演示向各个方向转动瓶子，乒乓球均不掉下来，提问：这又说明了什么？

总结归纳：大气压强不但存在而且各个方向都有。

教师演示松开手指，水和乒乓球就会下落，进行对比分析。

教师继续设问：为什么松开手之后就会掉落呢？

小组讨论，得出结论：松开手之后，外界空气立即从小孔进入瓶子，瓶子上下空气作用平衡，乒乓球和水在重力的作用下下落。

通过这个实验，大家得到什么启发？

引导学生得出：大气压强存在并能够托起水柱。

接下来教师引导学生通过实验证明大气压强存在于各个方向，讲解马德堡半球实验和托里拆利实验。

教学片段6

师：夏天同学们用吸管喝饮料，请问饮料是用力吸上来的吗？

生：是。

师：今天老师给大家带来了一瓶特殊的饮料（自制牛奶，将玻璃瓶内装满牛奶，用带吸管的橡皮塞紧紧地塞住瓶口，并用蜡将瓶口及吸管和橡皮塞的接触处密封，确保气密性良好），看你们能否将牛奶吸上来？

生：（用力吸牛奶）不能。

师：怎样才能将牛奶吸上来？

生：（思考并讨论）让瓶中进入空气。

师：饮料是用力吸上来的吗？是什么使饮料吸入口中的？

生：不是，可能是大气压强。

师：今天我们就进入大气压强的学习。（板书课题）

教师演示：用两个橡胶碗，排出碗内空气，让学生推举两个力气最大的男生进行拔河比赛，并指出这个实验在17世纪就已经有人做过了。课件展示马德堡半球实验的全过程，板书马德堡半球实验证明大气压强的存在。

教师演示"覆杯实验"，并请学生分析水不掉下来的原因。

生：因为杯内没有空气，纸片下方存在大气压，使杯内水柱不掉下来。

教师：非常好，刚才我们吸牛奶的过程也是因为大气压存在使牛奶被压在瓶内出不来。当瓶内进入空气后，瓶内气压与外界气压相同，我们吸走管内空气，瓶内牛奶在大气压的作用下被压入我们的嘴里。

教师组织后面教学活动，完成托里拆利实验教学过程。

评析：以上两个教学片段中，教学片段5选择的素材比较丰富，为学生提供了更多的实际生活问题来帮助其理解大气压的存在。但在教学过程中，引出大气压强后，该教师又选了其他事例来分析大气压强的存在，并未对课堂引入活动中的案例进行相关知识的链接和问题的解决，课堂活动的连贯性不足，活动设计的完整度不高。教学片段6中教师素材选择并不多，但在几个教学素材的选择和处理上，都和相关知识进行了链接，并且能够前后呼应，教学活动的完整性和连贯性处理得恰到好处。

活动化策略在物理教学中存在广泛的应用，设计合理的活动化策略需要教师前期准备工作充足，对教学内容熟练掌握。这样在教学过程中，才能够完成教学目标，充分发挥课堂教学中以"学生为主体"的教学理念，培养学生自主学习能力和小组合作的精神。

在实际教学中活动化策略的设计还存在很多的不足，需要不断地改进和完善。我们作为一线教师，在实际教学中应该善于发现不同活动设计环节的优缺点，针对不同学生进行针对性调整。有效的活动设计不仅能够提高课堂效率，还能够为学生全面发展提供更好的平台。

第七节　简洁化策略

简洁化教学又称简约教学，是指高度概括性的教学设计与实践过程，它不仅表现在形式上简洁明了，更体现在教学内容、教学方法与思维训练上深入浅出、通俗易懂。简洁化既是一种教学理念，也是一种教学策略。简洁化策略在初中物理教学过程优化中的实施，可以从导入、突出重点、突破难点、课件制作、导学案设计及板书设计等六方面去落实。

一、简洁化策略的基本特征

经过简洁化策略优化后的物理课堂教学，教学目标落实到位；情境设置合理、有趣；引入简洁且有针对性，不累赘；教师在实施教学时主次分明，教学重点轻松突出；语言精练，课件制作精良；导学顺畅，板书简明扼要；教与学相得益彰，难点处理恰当，轻巧突破。这样的课堂，教师和学生都乐在其中，致使教与学效率大大提升。

二、简洁化策略的理论基础

在总结了大量实验的基础上，审美理论认为，那些在特定条件下视觉刺激物被组织得最好、最规则（对称、统一、和谐）和具有最大限度的简单明了性的"形"，给人以相当偷快的感受，人们称之为"好的格式塔"。实验还表明，人的知觉有一种把外物形态改造成"完美简洁"图形的倾向，而这种"简化倾向"正是以一种需要的形式存在的心理组织结构。当视域中出现的"形"

比较对称、规则、完美时，这种心理需要便得到满足。这种"倾向"最突出地表现在儿童绘画中，生动活泼的人在儿童笔下虽然显得粗糙，但其对称和谐与简洁完美却是不言而喻的。人的这种心理活动与信息论关于"贮藏的信息用系统有序化的量度来表征，传递的信息用消除不确定性的量度来表征"的论述相一致。即"简洁完美的形"的译解信息变得简单、轻松和经济省力，可以用较小的力气获得较多的信息。[①]相反，如果在教学中不注意掌握好"火候""分寸"和"尺度"，片面追求强度，教学内容面面俱到，造成"超限效应"，则会使学生感到单调和厌倦。

三、简洁化策略在教学过程优化中的实施

（一）简洁化策略在导入教学中的实施

在物理教学中，简洁的、有效地导入能使学生迅速了解教学意图，引导学生把注意力集中到我们希望他们关注的教学内容上，从而全面激发学生浓厚的学习兴趣和强烈的求知欲望。那么，什么样的导入算是简洁的、有效的呢？

1. 导入简洁化的方法

导入的情境不需复杂，导入时不拖泥带水，导入要有趣，要有启发性，导入要面向全体，容易操作。具体方法有以下几种：

（1）开门见山直接导入。直接阐明学习的内容，明确学习的目的和学习程序与要求的导入方法，即直接通过多媒体把教学目标、教学重难点和教学方法告知学生。这样导入的优点是快速明了。

（2）建立感性认识直观导入。以引导学生观察实物、模型、图表、幻灯片，或听一段录音、看一段录像等活动，设置学习情境的导入方法。这样导入的优点是为理性认识打下良好基础。

（3）联系生活经验导入。从学生的生活经验和熟悉的信息资源出发，通过描述式的讲授、提问等方式引起学生回忆，或者通过演示再现生活经验，从而

[①] 姚文忠. 物理教学及其心理学研究［M］. 浙江：杭州大学出版社，1996.

引导学生动脑思考发现问题的导入方法。这样导入的优点是学习的获得更具现实性。

（4）创设情境实验、活动导入。实验、活动导入是通过观察或体验物理现象，在活动中引起学生积极思考的导入方法。实验、活动导入可以分为演示实验导入、学生小实验导入、小游戏导入等。这样的导入更具有趣味性、启发性、全体性。

2. 导入简洁化的误区与纠正

在以上4种导入方法中，切忌时间过长，1分多钟最为适宜，最长不得超过3分钟。通过平时教学和网络课例观察，不少导入冗长、复杂化，虽然起到了激趣、引出课题的作用，但为后面落实教学重点匆忙化埋下了隐患。

举个例子，在《摩擦力》这节课的导入环节中，有位老师设计了"拔河"的小游戏，一男一女分别在绳子两端用力拉，女同学"拔河"失败，然后老师让男同学站在滑板上，再次比试，结果男同学失败了。这个小游戏的时间超过了3分钟，而且这位老师在引导时，简单地说是男同学受到的摩擦力比较小，这是不严谨的，他的隐意是滑轮，其实手和绳子间的摩擦力并非如此。再者，作为游戏，学生的参与体验度是不足的。其实，这节课的导入只需要学生体验到摩擦力即可，摩擦力的大小问题不要去涉及。我们可以通过2个小实验来让学生感知摩擦力：一是自己双手互搓；二是用自带的牙刷在桌面滑动。在此基础上，教师就可以顺利地把学习的方向引到"摩擦力"上来。这样的安排可以充分发挥学生的主体意识，培养他们的观察能力，使他们亲近物理，拉近物理与生活之间的距离。

（二）简洁化策略在突出重点教学中的实施

教学重点是依据教学目标，在对教材进行科学分析的基础上确定的最基本、最核心的教学内容。物理学是一门基本概念和规律性都很强，同时又能有效培养学生逻辑思维和分析推理能力的自然学科。初中物理教学中，要注重重点突出，帮助学生汲取一节课的精华，这些精华因课的不同，有些是概念、有些是公式、有些是规律……那么，在教授重点知识时，如何避免重点教学复杂化呢？

1. 合理铺垫，催化突出重点教学简洁化

一节课的内容安排，前面的知识往往是为后续的重点知识做铺垫的，对于这些知识，我们须敢于平铺直叙或稍加引思，尽快让学生理解。

在《摩擦力》教学中，重点是测量水平运动物体所受的滑动摩擦力。这个实验是课标规定的必做的测定性实验。教科书为保证学生能对实验原理有正确认识，特意将"二力平衡"内容放在本课之前。但是，在实际开展"研究影响滑动摩擦力大小的因素"实验前，我们首先要引导学生做好对木块的受力分析，即当木块在木板上做匀速直线运动时，根据"二力平衡"知识，水平方向上受到的拉力和木板对它的滑动摩擦力是一对平衡力，则弹簧测力计显示的力与滑动摩擦力大小相等。然而，有些老师抱着"出错纠错再提升"的想法，特意在探究实验前避开这个铺垫知识，让学生在知其然不知其所以然中进行探究实验，这不仅会让学生在设计实验时产生疑惑，也增加了实验结论分析的难度，甚至因拉力没有水平而导致测量出非滑动摩擦力。

2. 控制拓展的度，保障突出重点教学简洁化

在重点教学活动中，我们的任务是引领学生完成重点知识的建构过程，并达到理解、掌握的目的。在必要时，教师可引导学生尝试解决一些与重点知识相关的问题，但要适度。

《杠杆》这节课的教学重点是探究杠杆的平衡条件，突出这一重点教学的关键是要引导学生做好探究杠杆平衡条件的实验，在设计实验、进行实验和数据处理等方面给学生创设参与的机会，使他们加深体验。[1]但要注意根据学生情况把握好分寸，因为这个实验的设计和数据处理对学生来说难度较大。因此，在探究中学生能通过调节、改变钩码位置或数量，进而改变动力和动力臂的大小，相应调节阻力和阻力臂并给予记录即可。对于改变动力、动力臂的多样性暂不宜拓展，要重点给学生经历设计实验、进行实验、数据处理的过程，

---

① 汪海，孙新. 教师教学用书（物理）［M］. 北京：人民教育出版社，2016.

不纠结于动力和动力臂如何改变的问题。

3. 运用类比法促进突出重点教学简洁化

类比法是初中物理教学中常用的方法，所谓类比就是"触类旁通""举一反三"，它是根据两个或两类对象之间在某些方面的相同或相似而推出它们在其他方面也可能相同或相似的一种逻辑思维，也可以帮助我们理解较复杂的实验和较难的物理知识。类比是一种推理方法，不同事物在属性、数学形式及其他量的描述上有相同或相似的地方就可以用来类比推理。

功率概念的认识是《功率》这节课的教学重点，功率与功的关系和物体运动速度与距离的关系相似，学生在学习速度概念的基础上容易进行知识的正向迁移，所以可以结合实例采用类比的方法对功率的概念进行教授。先从"比较做功（运动）的快慢"着手，再引导"路程与时间之比叫作速度，它在数值上等于单位时间内通过的路程"与"功与做功所用时间之比叫作功率，它在数值上等于单位时间内所做的功"的类比，完美地诠释了类比法的美妙，这样既有利于学生认识与记忆，也可以渗透科学方法教育，节省时间并提高效率。

（三）简洁化策略突破难点教学中的实施

教学难点是指学生不容易理解的知识，或不容易掌握的技能，对于教师来讲，教学难点是受到客观因素影响而难以教授的知识点，有些内容既是重点也是难点，有些内容是重点而非难点，有些内容是难点但不是重点。在一般情况下，使大多数学生感到困难的内容，教师想方设法去突破是非常有必要的，但不可把非重点的难点变成"重点"，占用大量时间，反而无法落实真正的教学重点。

1. 演示精准小实验，实现难点教学简洁化

物理是以实验为基础的，演示实验是由教师个人操作表演示范的实验，它在导入新课教学中有着非常重要的作用，其实，在突破教学难点时同样有着举足轻重的作用，它可以化抽象为具体，变枯燥为生动，帮助教与学的活动顺利开展。

"辨别通路、断路和短路"是《电路和电流》这节课的难点，其中，通过前面对电路的实验和学习，学生认识通路和断路比较容易。但是，短路和短接

的知识点，学生是较难接受的。这时，教师可以边做实验边讲解，通过实验加强学生的直观感受。同时，注意引导学生观察电源短路和用电器短接的现象对比：电源短路时电流非常大，会烧毁电源和导线；而用电器短接时，用电器是不会被烧坏的，因为电流不从该用电器走，而是绕道从并联连接的导线直接流过去。以上过程，不必过多地要求学生去画电路图，要注重引导学生观察，认识电路短路或用电器短接的本质。

2. 直接示范，贯彻难点教学简洁化

物理教学是非常注重实验，十分强调思维引导的，但我们要敢于跳出来，对于非重点知识的教学要因势利导、有的放矢，既服务于教学重点，又让步于教学重点。

《杠杆》一节的内容由杠杆、杠杆的平衡条件和生活中的杠杆三部分构成，在第一部分杠杆里的"画杠杆的力臂"是本节课的难点。这一难点涉及杠杆和力臂的概念、力臂的表示方法、数学作垂线的知识等，综合性强，特别是对于刚接触杠杆知识的学生来说，困难大。在我们用实例和图共同配合下教授了杠杆后，用类似于探究实验中的杠杆的跷跷板作为实例，直接示范如何画出动力臂和阻力臂，学生依样画瓢。在此过程中，强调"力臂是支点到力的作用线的距离，不是支点到力的作用点的距离"。因为这个实例与探究实验的杠杆有相似性，在教师示范、学生跟画后，抽象问题已经变成了感性问题，这就为后面的探究实验奠定了基础。此时不可再特意设置其他形状的杠杆让学生练习画力臂，这会增加教学难度，不利于教学重点活动的开展。

3. 搭台阶，巧用难点教学简洁化

教学难点之所以是难点，就是因为学生学习起来有困难，不能一蹴而就，因此需要为他们搭一搭台阶，根据他们的现实知识水平设置问题情境。

"判断力是否对物体做功"是《功》这节课的难点，我们需要帮助学生学会判断的方法。为什么这是学生的学习难点呢？因为对"力与物体移动方向的一致性"的理解是他们的绊脚石，而最容易出错的就是"力与物体移动方向不一致"的事例。为此，可以先搭起第一个台阶：物体受到了力的作用但没有移动的事例，学生很容易判断该力没做功；第二个台阶：力与物体移动方向一致性的事例，学生根据"力做功"的概念去判断；第三个台阶：力与物体移动方向不一致的事例，重点强调"该力没有做功就是因为物体没有在力的方向上移动"。这种搭建台阶式的教学，针对性强，不拖沓，有效突破难点。

（四）简洁化策略在课件制作中的实施

多媒体教学已经是现代课堂的一种教学方式，制作多媒体课件的软件一般有Authorware、Director、Flash、Powerpoint（PPT）等，前面三个软件交互性强，但操作相对复杂，不易学会，而PPT虽然交互性功能不强，但其操作简单、容易上手，为大多数教师使用。

PPT课件是课堂教学的辅助产品，体现教师为主导、学生为主体的教学方式，这样的一种教学工具应该以促进教与学的开展，提高教学质量为重心。因此，太过冗长、花哨，搭配凌乱且内容泛滥的课件会严重影响备课效率及课堂教学质量。

1. PPT"容妆"本身的简洁

（1）页数不宜多。PPT课件是辅助工具，应该由教师去支配使用，当其页数过多时，不仅会造成课堂时间被课件无谓地占用，而且会使学生视觉疲劳，不知主次。一般情况下，一节课的课件不宜超过15页，确实因教学必需，也不要超过20页。

（2）页面不宜花哨。PPT课件可以作为教师设计美、创造美的一件艺术作品，但不可以欣赏绘画的角度去设计。

一是页面颜色的运用要注意，最好以纯色为背景，或者干脆用白色，这样在插入图片、输入文字后，就不会因为颜色融合问题造成暗淡甚至模糊不清。

二是字体的统一，标题和正文可统一为常见字体，也可以是标题一种字体，正文一种字体，给人以前后一致的连贯性，有助于学生接受。当某一知识点特别重要需要强调或某些知识点需要区别的时候，可以用不同的但易于辨认的字体，如黑体、楷体等，并换成与正文整体不同的颜色。

三是结构要主次得当，分布合理。如，一个页面里有较多的图片同时出现时，图片和图片之间不重叠，并且尽量对齐，或按照一定的规则排列，松紧要得当。

2. PPT内容方面的简洁

PPT课件是服务教学过程、知识呈现的工具，其中的内容只是提要，切忌详细。

（1）根据教学目标和重难点设置内容。

比如《杠杆》这节课，学生学习的知识和能力目标是"知道杠杆的定义、知道杠杆的五要素、会画杠杆的力臂、知道杠杆的平衡条件及其简单计算"，为此，课件就围绕这些目标设置对应的内容，"杠杆的定义和五要素"共一张PPT，一张"画杠杆的力臂"作为黑板板书的辅助，"杠杆平衡条件的探究和结论"各一张，杠杆的简单计算为一张。

（2）根据教学环节所需设置内容。在引入环节，如果设置的情境无法现场展示，可以作为一个内容，如果设置的情境是可现场展示或现场开展的活动，可以不作为一个内容放进去。

比如《杠杆》这节课，它是第十二章的第1节内容，需要进行章知识的引入，课件中可使用我国"祝融"号火星车登上火星表面的场景，这样不仅能使学生建立祖国荣誉感，而且能顺利带出简单机械的知识。

（3）知识内容不宜太详细。在课件中，同一张PPT的内容文字尽量简练，少而精，能用图片、短视频作为辅助说明的，尽量不把详尽的文字呈现出来，否则，文字太多会让听者觉得是在读PPT，而不是讲课。

（五）简洁化策略在导学案设计中的实施

导学案以学生为本，要以发展学生核心素养为出发点和落脚点，以评价为导向，发展学生的学习能力，为学生的终身学习奠定基础。

导学案一般有学习目标、学习的重难点、学习方法、导学过程、对应练习等，起到导学、导思、导练的作用。那么，在导学过程中，怎样才能做到基于学习目标的简洁化呢？下文以《杠杆》导学案为例说明。

1. 简洁而不失导学作用

导学案要围绕学习目标去设计，记录的学习过程不仅要体现本节课的收获，而且能为以后的自我复习提供帮助。所以，导学案不能把课堂上的举例、演示、拓展等都纳入进来，而应该结合学习目标和重难点，有的放矢，不"海纳百川"。有一个技巧是，在简洁化的PPT课件基础上，站在学生角度来对PPT的内容进行浓缩。

比如《杠杆》导学案的作力臂知识点，不将教师现场作图的事例纳入，只将对应的作图口诀保留进导学案，并在练习阶段加以练习、反馈。

2. 简洁而不失导思作用

教学过程中，教师会经常进行思维上的引导，引领学生按照科学思维进行问题的逐步提出、层递解决，以达到搭起知识支架的目的。所以，导学案要抓住关键思维点进行记录。

如《杠杆》导学案中，"分析杠杆工作时的共同特点"记录的是交流讨论后的结果，实际是作为思维引导来运用的；"问题的发生：天平→杆秤→杠杆满足什么条件会平衡"则直接记录有这么个问题发生的过程，实际是隐含了力和力臂的改变会影响杠杆平衡，从而引导学生去探究杠杆平衡时力和力臂存在什么样的关系。

3. 简洁而不失导练作用

练习是教师在课堂上得到教学反馈的最佳手段，学生也能够清楚经过学习，自己对知识和技能的掌握程度。为了能更好地省时省力不省功，适时反馈，及时矫正，真实反馈，准确矫正，导学案设置的练习不仅要有层次性，而且要简洁化，如练习题的情境简洁、文字表达精练。

比如《杠杆》导学案的练习题题设，可以大同小异，如"请判断图1中小华作的动力F_1的力臂l_1的对错""请在图2中作出物体重力G的力臂l_2和动力F的力臂l_1""关于力臂的下列说法中正确的是"，简洁明了；而且按照"先尝试解题再理论解析"的预设，使练习题有一定的层次性。

（六）简洁化策略在板书设计中的实施

随着多媒体技术的不断提升，传统的板书教学受到了巨大的冲击，甚至逐渐淡出了初中物理教学课堂。在此背景下，很多教师热衷于研究制作精美的多媒体课件而忽视了物理课堂教学板书的设计与书写，这样没有板书或者缺乏简洁而不失重点的板书，对知识的构建、记忆存在较大的弊端，影响了初中物理课堂教学质量。

1. 为设计全面、精练、内容准确的物理教学板书做好准备

在初中物理教学中，教师创设的板书情境，要全面反映这一节的物理教学内容，语言清晰精练，覆盖相应的教学内容。教师在上课之前，要认真备课，研究物理教学大纲，明确每一节课的目标，厘清教学内容的难点、重点和知识脉络，细致地规划板书，避免不分主次、不分重点、讲到哪里写到哪里。

在《杠杆》一节的板书中，可以把知识目标"杠杆的概念、杠杆的平衡条件"都以文字形式呈现，这样不仅可让学生直观地感受教学内容，而且重点明确。

2. 设计条理清晰、层次清楚、简单明了的物理教学板书

在初中物理教学中，为了让学生能够更好地理解和掌握物理知识，教师在复习阶段，可以精心创设条理清晰、层次清楚、简单明了的板书，把握住物理知识之间的关联性，清晰明了的层次性和物理知识的中心要领，利用板书帮助学生记忆和理解物理知识。这种条理清晰、层次清楚、简单明了的板书，可以激发学生的学习兴趣，培养学生概括知识的能力，有利于学生形成条理清晰的物理知识体系。

以下是《压强》一节的教学板书示例（图2-7-1）：

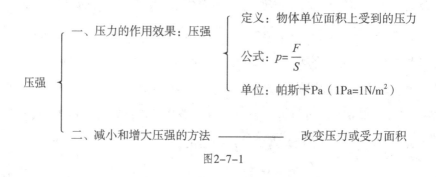

图2-7-1

综上所述，简洁化策略的实施可以为物理教学中的自然美、科学美及艺术美增色，使教师教得从容，学生学得舒畅，从而提升课堂效率，提高教学质量。当然，简洁化策略还需不断实践、不断探索、不断丰富，以促进初中物理教学过程的优化。

学科交叉渗透教学策略

　　学科交叉融合是当前科学技术发展的重要特征，是新学科产生的重要源泉，是培养复合型创新人才的有效路径，是经济社会发展的内在需求。党中央、国务院高度重视交叉学科发展，习近平总书记多次指出，我们要"厚实学科基础，培育新兴交叉学科生长点""要下大气力组建交叉学科群""用好学科交叉融合的'催化剂'"。

　　教育部基础教育教学指导委员会跨学科教学专委会委员王俊莉提出，通过对未来人才的需求与当下教育发展瓶颈的深度分析研判，教育者应更加关注学生完整人格和核心素养的培养。多学科融合应用已然是大势所趋。初中阶段是学生开始接触物理学的重要时期，因此交叉渗透式教学在这一时期有着极为重要的作用和意义。

　　跨学科领域的突破为《义务教育物理课程标准（2022年版）》的重要内容，初中物理与其他学科交叉渗透教学为学生拥有完整人格提供了一个重要的途径，也是发展学科核心素养的重要路径。

第一节　物理与语文

十三五规划科研关于语文数学基础对物理学习的重要性研究中，来自各省的一线教师通过资料分析等方法，有目的地阅读有关教学刊物和观看名师名课，整理课堂教学中的教学现象，分析师生课堂教学行为，得出语文基础好的学生解题速度更快、更完整、准确性更高；语文基础差的学生解题速度较慢，准确率相对较低的规律[①]。学不好语文不但会成为学习理科路上的阻碍，发表的东西也会枯燥无味，甚至文理不通，无法达到用词精练、具有逻辑性和条理性的要求，不利于以后必要的学术交流和事业发展。

因此，培养学生科学素养不能全依赖于理科的教学，在初中物理教学的课内优化教学环节、课外拓展校本课程中交叉渗透语文知识，有重要研究意义。

一、物理与语文的交叉渗透教学研究现状

以"物理交叉渗透"为主题在"中国知网"的文献数据库里检索有108条检索结果，将检索主题范围缩小为"物理交叉渗透语文"仅检索到17条结果，与物理教学相关的交叉渗透多集中于理科综合。目前我国教育者在物理的日常教学中交叉渗透语文学科知识的实践和应用可概括为两类。

第一类，通过图片、栏目、习题等教材结构和课堂展现。其普遍存在于

---

① 十三五规划科研成果汇编（第六卷）。

我们的日常教学中，依赖于教师的教学设计并根据不同的教学环节具有一定的灵活性和生长性。如察右中旗第三中学的杨富贵老师以图片、诗歌、猜谜、雅文、俗语、寓言等语文知识巧妙地导入物理课堂[①]，教学过程注重物理学中的字词理解（剖析词、区别词）和语法结构（复杂句、相似句、假设句），布置课后浏览作业作为物理教材的补充以扩大知识面等。

近年来随着中考高考改革，对情境题和结合古诗词的物理考题的考查出现得更加频繁，以广东省为例，自2010年开始便已形成将最后一道大题设置为文字段落较长的阅读类题目的命题模式，结合科技前沿对学生综合能力进行考查；又如2022年广东省初中学业水平考试（物理）填空题第13题引用《渔歌子》中的"西塞山前白鹭飞，桃花流水鳜鱼肥"考查平面镜成像，2021年填空题第12题引用唐代诗人杜甫的诗句"八月秋高风怒号，卷我屋上三重茅"考查压强与流体流速的关系，2020年综合能力题第21题以"曹冲称象"的故事为背景考查小玻璃珠的密度测量；2018年单项选择第1题题设："以下描述中与光的折射有关的是（　　　）。A.形影相随，亲密无间；B.海市蜃楼，虚无缥缈；C.镜中生花，脱离实际；D.水中捞月，一无所得"。

第二类，体现为将物理学科专业名词的引申义变通用于创新语文教学方法，或相反，用语文学科的名词指导物理教学。如将物理"串联""并联""参照物"类比融入语文课堂教学思想[②]，运用物理力学的科学思想和专业术语阐释汉英语言在表层结构形式上的主要差异[③]等。但此类别局限于两门学科教学方法层面上的比较，主要适用于教师之间的教学经验交流，因此不能达到真正启发、刺激学生多元学习和多学科知识融会贯通的教学效果。

总而言之，物理学科与语文学科之间跨度大，交叉渗透并应用于日常物理

---

① 杨富贵.巧妙利用语文知识导入物理课堂教学例谈［C］.中国教育学术论坛（第二卷），2006.

② 樊玉霞，张瑞于.物理知识在初中语文课堂中的渗透研究［J］.科学咨询，2019（24）：176.

③ 王建国，周冰洁.英汉语言表层结构形式主要差异的重释：物理力学角度［J］.外国语文，2017，33（1）：6.

教学的实践研究还不完善，观点不清晰，教材提供范例少，迫切需要教师有针对性地设计相关课程，重视应用。

二、物理与语文学科交叉渗透校本设计——以声学为例

结合课外拓展，根据学科特点有选择地交叉渗透相关知识，利用第二课堂校本课程进行知识补充，可避免出现偏离教学中心喧宾夺主的现象。以声学部分为例，可设置成语"擂台"、名句"鉴理"、古文重现、"看见"声音四个课时，前三个课时体现"国学文化与物理知识的交叉渗透"，最后一个课时联系科技前沿，用计算机辅助校本课程教学。

（一）国学文化与物理知识的交叉渗透

1. 物理知识与成语、古诗词交叉渗透

此部分设计成语"擂台"、名句"鉴理"两个课时。以成语、古诗为代表的国学文化蕴含着大量科学与人文交叉渗透的宝贵资源。以成语与声音的产生、传播、特性为例，可整合出如表3-1-1（视具体语境变动）所示的素材一览表。

表3-1-1

声音的产生和传播	产生	敲金击石	金、石：指钟磬一类的乐器。演奏钟磬等乐器
		戛然而止	形容声音突然终止
		屏声息气	抑制着呼吸使不出声音
	传播	鹤鸣九皋	鹤鸣于湖泽的深处，它的声音很远都能听见。比喻贤士身隐名著
		铿锵顿挫	铿锵：有节奏而响亮的声音。形容音律和谐
		顺风而呼	顺着风向呼喊，声音传得远，使人听得清
声音的特性	音调	乳声乳气	形容说话声音像小孩子那样尖细
		改弦更张	改换、调整乐器上的弦，使声音和谐。比喻改革制度或变更计划
		穿云裂石	穿破云天，震裂石头。形容声音高亢嘹亮
		龙鸣狮吼	比喻沉郁雄壮的声音
		瓮声瓮气	形容声音粗重低沉

续 表

声音的特性	音调	石破天惊	形容箜篌的声音忽而高亢，忽而低沉，出人意料。后多比喻文章议论新奇惊人
	音色	燕语莺声	莺：黄鹂。燕子的话语，黄鹂的歌声
		蜂目豺声	眼睛像蜂，声音像豺。形容坏人的面貌声音
		金石丝竹	金：指金属制的乐器；石：指石制的磬；丝：指弦类乐器；竹：指管类乐器。泛指各种乐器。也形容各种声音
	响度	寂然无声	寂静没有声音
		轻声细语	形容说话声音极轻微
		锣鼓喧天	喧：声音大。锣鼓震天响
		声如洪钟	形容说话或歌唱的声音洪亮，如同敲击大钟似的
		震耳欲聋	形容声音很大，耳朵都快震聋了

这些成语融合了自然现象、物理知识和文学思想，或警醒或规劝，或明志或暗喻，寓情于境，简洁凝练，细细斟酌别有一番滋味。在校本课程中专门设计以物理声学为主题的"成语擂台赛"，要求学生提前通过网络、图书馆等途径收集素材，于第一个课时组织学生分组讨论，用物理知识分析解释所收集素材并设计活动赛制，教师在一旁指导答疑，帮助学生给出正确解释、民主推选出最佳活动方案。

第二课时按赛制进行比拼，由学生推举出主持人和评委，教师做小结。学生在巩固所学物理知识、积累更多成语之余，能够从前期准备过程中提高多途径收集并筛选信息的能力，从小组合作讨论和比赛过程中提升团队协作能力和逻辑思维能力，从民主选择活动方案和设计赛制的过程中提高自主实践能力。

相比成语，古诗词素材则更加丰富多元，古往今来各种优秀诗篇中包含了大自然中各种物理知识，诗人敏锐地捕捉大自然中特别的物理现象，勾勒出如梦如画的物理意境，或忧郁或委婉，或豪迈或隽永，有极高的艺术鉴赏价值。学生在鉴赏古诗词，探究其中原理时，已不知不觉从文学的领域迈进物理的大门。

教材素材的选取往往以满足课程基本需求为主，选入教材中的古诗词一般通俗易懂，所蕴含的物理知识直白客观，由于教材篇幅有限，展示的素材也有限。因此，通过校本课程的方式将此类素材加以利用，一方面可以提高学生解文说字、艺术鉴赏的水平，另一方面可以检测学生对物理知识点的掌握程度和培养学生运用已学知识解决问题的能力。

比如"姑苏城外寒山寺，夜半钟声到客船"，夜半万籁俱寂之时庙内僧人敲钟产生的悠远钟鸣（声音是声源振动产生的）传到诗人乘坐的客船处（声音可以在空气中传播），而玉笛声"散入春风满洛城"，陈陶的"鸡声春晓上林中，一声惊落虾蟆宫。二声唤破枕边梦，三声行人烟海红"皆同此理；"不敢高声语，恐惊天上人"除了可以印证声音在介质中传播，还可作为音调和响度二者区别的教学素材。音调表示声音的高低，响度表示声音的大小，诗句本身通俗易懂，难在学生往往被文字所误导而混淆，结合生活经验则不难理解，"高声语"实质为大声说话，响度大而非音调高，与日常生活中所说的"高声喧哗""引吭高歌""低声细语"同理。"十年离乱后，长大一相逢。问姓惊初见，称名忆旧容"，通过问姓称名从友人回答时熟悉的语音（声音的三大特性之一的音色）回想起初见时的"旧容"，这便是"闻其声而知其人"；又好比唐朝文学家卢仝笔下的《风中琴》，"五音六律十三徽，龙吟鹤响思庖羲"，"五音六律"泛指音乐，"十三徽"说明用"琴"演奏，琴声犹如"龙吟鹤响"，龙的形象神秘而庄严，故而"龙吟"粗重低沉，鹤的体态飘逸雅致，故而"鹤响"表示声音激越洪亮，简简单单四个字便可见琴声之起伏变化（声音的三大特性之一的音调），文气流畅且意境疏宕。

在鉴赏诗句、剖析道理的师生互动课程中，教师可联系经典片段教学生诵读、吟唱，感受声音韵律之美，或鼓励学生发挥想象力以书画、黑板报、媒体作品制作等方式重现诗中的自然现象、情境诗意，加强动手能力，在展示过程中产生思想碰撞，为学生打造一个自由发挥、展露才华的平台，激发学生的实践兴趣和创新精神。

2. 物理知识与文言文交叉渗透

国学文化包括自然国学和人文国学，人文国学蕴含丰富的哲学和科学道理，常以习题、图文、栏目等形式呈现于物理教材，如苏教版《物理》八年级下册第二章"物态变化"第45页习题2的农谚"霜前冷，霜后寒"。这里校本课程设计主要应用的是自然国学。自然国学相当于国学中的自然科学，是独立且不同于西方的中华民族自然科学体系，蕴含大量的人生哲理、自然规律，故而较人文国学针对性更强，既可以作为文言文进入语文课堂，亦可直接作为物理科学的校本课程教材。

以《墨子》《梦溪笔谈》为代表的自然国学典著蕴含的物理知识丰富，所记载的声学知识数不胜数，共鸣、回声、共振等声音现象均有丰富的素材资料供研究学习。以听音器为代表，我国古代声学发明制造众多。《墨子》篇六十二中用于军事的备穴，挨着城墙每六米 "穿井"一个，"令陶者为罂，容四十斗以上，固顺之以薄鞔革，置井中，使聪耳者伏罂而听之，审知穴之所在，凿穴迎之"，利用介质传声和坛内空气柱共振放大声音的原理探查敌军位置。同理还有《梦溪笔谈》中"箭袋中空盛气，伏地贴耳睡觉"的方法。师生可一起比照原文边翻译理解，边画图辅助，用物理知识、工程角度等多元方法复原，在认识古人劳动成果、吸收民族文化智慧的同时还能结合现代技术激发想象和创作灵感，获得意料之外的创新想法。

另外，自然国学作品具有描述性记录、口语化、文笔精练的特点，适合中学阶段学生拓展巩固文言文知识、积累高频常用字词，培养语感，逐渐增强学习语文学科的自信。根据模块节选文言文重要部分，设计既独立又连贯的主题式系列校本课程，具有可操作性和文理互利共赢功能。

（二）用计算机辅助校本课程教学

"'看见'声音"这一课时主要以探究活动方式进行，即在老师的指导下，学生根据提供的材料对规定课题进行分析、操作，最后通过实验结果概括得出规律或印证原理。人教版教材教师用书"声现象"一章推荐使用Audacity软件播放声音和展示波形。该软件能够根据频率和振幅创造声音片段，便于学生对应声音直观地观察不同音调、响度的声音的波形，理解概念。但是Audacity软件对无规则音频的分析呈现为相对复杂的频谱图，超出初中生认知范围，意义不大。为满足既能直观"看见"声音，又能贴近日常生活这一需求，免费且支持多平台使用的Praat软件可供选用。

Praat是一款由荷兰阿姆斯特丹大学文学院的Paul Boersma教授和David Weenink教授研制的可视化语音分析软件，通过采集语音，分析标注，能高效精确地绘制语图，应用于语音分析、合成等方面，当前国内正逐步应用于汉语（对外汉语和普通话）的规范化教学中。作为汉语言文学学科其中一门分支的语音学，语音的概述中提到语音的属性有三个方面：物理属性、生理属性和社会属性，其中从物理属性角度而言，又包括音高、音强、音长和音色，是很好的学科交叉渗透切入点。

物理学中音调的高低由发音体的振动频率决定，而语言学只关心"相对音高"，在语言中构成声调和语调，这是由发音体的松紧程度，即喉部肌肉声带的松紧控制的。音强即物理学中的响度，是由振幅决定的，在语音中表现为呼出的气流量的大小和发音力度，普通话中轻音和重音音节的发音音强就不同。音色不同取决于发音体的性质不同，类比至此便是发音方法、共鸣器、发音体的不同。音长不在声音的三个基本特性中，可作为课外补充，即声音的长短，在重音、轻声和语调中发挥作用。学生通过读书、说话的方式产生音频，作为语料录入电脑，再通过Praat软件可视化处理，便可在音图对比中获得声音的信息。

如图3-1-1所示，实线为基频线，直观反映了调型，数值（单位为赫兹）由右侧纵轴可读出，更具体可通过移动图标读出。虚线为音强曲线，反映声音的响度变化趋势，读数方法与频率相同，单位是分贝。比如前面提到的"五音六律十三徽，龙吟鹤响思庖羲"一句，细究"五音"源自"五声"——宫、商、角、徵、羽五个字的发音。通过音韵分析，gōng的发音为喉，shāng的发音为齿，jué的发音为牙，zhǐ的发音为舌，yǔ的发音为唇。古人发现读此五个字时可分别引起经络的共振，因而把"五音"与五脏相配，其中"脾应宫，其声漫以缓；肺应商，其声促以清；肝应角，其声呼以长；心应徵，其声雄以明；肾应羽，其声沉以细"[1]。

---

[1] 出自《四诊抉微·闻诊》。

利用Praat软件分析，将图3-1-1至图3-1-5和古文——对应分析，发现不少描述能通过此法得以印证。其中，"宫"的声压波形图（图3-1-1上半部分）和"商"的声压波形图（图3-1-2上半部分）相对比可看出"漫以缓"和"促以清"的区别；"角"的发音音长约为646毫秒（图3-1-3），五音中最"长"；"徵"的音强曲线向上突起，声音集中而"雄"（图3-1-4）；"羽"的发音平均频率为183.5Hz（图3-1-5），五音中最"沉"；根据响度判断，"商"两头发音轻，"角"发音前重后轻，故分别对应"肺经"和"肝经"。教师对语图的基本要素进行解释说明，可以让学生直观地听和"看"到自己发音的音调、响度和音长等物理特征。通过诵读押韵的现代诗、古诗文作品，聆听感受其中的韵律，师生都能对声音有进一步的感触，欣赏艺术和科学融合之美。

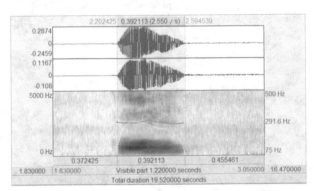

图3-1-1

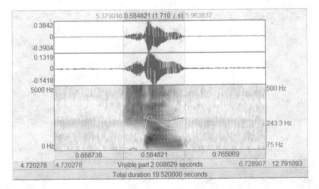

图3-1-2

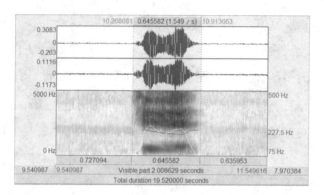

图3-1-3

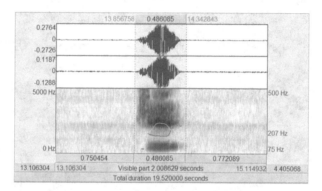

图3-1-4

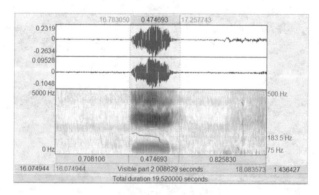

图3-1-5

此外，声音"可视化"还体现在音流学上。声音是通过"波"的形式传播的，当声音传递给沙子、盐粒等细小的物体并引起振动时会呈现出有趣、对称的图案，具有别样的科学美感。通过改变声音频率我们可以"看见"不一样的克拉尼图形。该实验可以由学生相互配合操作完成，也可通过播放网上已有的各种制作精良的实验视频资源展示，有条件的学校还能使用电子化"克拉尼板"进行实验。此后，教师还可引导学生发挥想象写一首有关的现代诗，或者继续探索了解，根据对声音进一步的认识写一篇科普文，以此锻炼学生"写"的能力，为将来科研发展做基奠。

此部分进行学科内渗透的知识可新可旧、可深可浅，范围可大可小，主要由主讲教师选择，有充分的发挥空间。

三、中学物理教学中渗透语文知识的建议

（一）配合课程改革，明确教学战略布局

设计物理—语文跨学科校本课程应有明确的教学战略布局，按照物理单元对课程进行规划，分成"引子""力与运动""声音与振动""热和温度""光与色彩""电与磁"等大模块，按照不同教材编排调整顺序，再结合教材和对应语文素材对每个模块精心设计整合观点，挑选合适选文和活动类型，细化到每一课时。

从内容上看，校本课程不仅要体现知识技能的整合、科学与人文的整合，还要重视学科内渗透，即经验世界、科学前沿和学生实际生活世界的整合。

（二）贴合教育理念，适配学生认知心理发展

人乃知、情、意、行的和谐统一，教育学即人学，以人为本能调配各种教育理念。初中生处于生理和心理发育的第二个高峰期——青春期，其认知能力处于迅速发展但不完全平衡的时期。感知、记忆、想象和思维组成学生的认知能力。八年级学生开始接触物理，从感知觉和记忆的发展来看，这一时期又正值学生观察力概括性发展的一个转折点，开始理解抽象概念的本质属性并加以利用。根据建构主义学习理论，为学生创造一个良好的学习环境可以促进学生自主探究和建构知识，但此时初中生的"无意识记忆"仍起主导作用，学生对感兴趣的材料记忆更深刻。因此利用"期待心理"，刺激学生探索实践、交流合作以满足求知欲望，灵活选用模像直观、言语直观与实物直观，结合多感官

教学帮助学生获得知识，不失为一种有效的教育模式。

（三）结合学校特色，提高教师业务能力

站在物理教学中交叉渗透语文学科知识的角度，物理老师一方面需要有良好的语文素养，推敲教师用语的艺术，在严谨、准确的基础上，能用更多学生喜闻乐见的语言方式幽默、生动地讲述枯燥的物理知识点，能够以物理的角度"说文解字"，化繁为简、化抽象为形象；另一方面应多了解该学段的学生已学范围中语文教材所体现的物理知识，比如与物理现象相关的科普文、古诗词，或者语文课文中关于物理学家的介绍，如坚持真理的伽利略，为科学献身的居里夫人、淡泊名利的爱因斯坦，还有诺贝尔、开普勒等，这些素材一方面可作为导入唤起学生的感性认知，丰富理科课堂，另一方面可以使学生树立精神榜样，实现科学理想。

综上，本节研究目的在于为中学物理教学实践提供思路，期望为物理与语文学科交叉渗透贡献灵感和方向。

第二节 物理与数学

我们常说"数理不分家"，数学和物理都是人类科学文化的重要组成部分，它们之间有千丝万缕的联系。数学作为自然科学和技术科学的基础，是物理学科的语言和工具。初中物理中凡是涉及公式应用、计算的地方必定离不开数学知识的应用。

然而在日常教学中我们发现，初中在按照教材进度分科进行数学、物理教学时，两个学科之间存在知识断层，例如学生在物理课上学习利用$s–t$图分析速度时还没学到斜率，这与学生的认知水平和能力不匹配，若是将该知识点匆匆概括或要求学生自行询问该科老师解答疑惑，则不利于培养学生的综合能力。

初中阶段的物理教学不能局限于思维的结果，而应真正成为思维活动的教学。教师在物理课堂教学中渗透数学学科知识，加强数学、物理学科思想和方法的应用训练，有利于学生学会用数学思想和方法解决物理问题，提高其综合能力水平及跨学科整合知识解决生活实际问题的能力，在优化思维过程方面起重要作用。

一、认识数学与物理的联系

在信息化和全球化时代背景下，全球科学技术竞争激烈，为提升科学技术的竞争力，基础教育阶段综合初中阶段物理学科学习过程中遇到的数学问题，专门进行跨学科选修课交叉渗透或在课堂中穿插知识拓展补充显得十分必要。

（一）物理、数学研究思想与方法相似

物理的科学探究一般步骤包括提出问题、猜想与假设、设计实验、进行实验、分析论证、评估、交流与合作，而数学是研究数量关系和空间形式的科学，发现问题、提出问题、分析问题和解决问题的数学活动过程与科学探究步骤相似，既经历观察、实验、猜测、计算、推理、验证等活动过程，也有合作与交流、评价与反思。

物理作为一门以实验为基础的学科，离不开各种研究方法，这点也与数学的思想方法相类似。在研究数学问题的过程中，常常需要通过分类讨论解决问题，分类的过程就是对事物共性的抽象过程，类似于物理的控制变量法；理想模型法比如光学中将"光线"定义为带箭头的实线，与抽象思维、建模法类似；科学推理法（又称理想实验法）比如真空罩实验、伽利略理想斜面等与数学中的极限思想相似；各种$v\text{-}t$图、$s\text{-}t$图、$U\text{-}I$图用到的图像法符合数形结合思想；"声音的产生"一节中通过生活中敲击鼓面、拨动尺子、敲击音叉、音箱上"跳舞"的小人等例子推断出声音是由物体振动产生的，体现了数学中从特殊到一般的归纳思想；再者，等效替代法、转换法对应数学中的转化思想、类比法对应类比思想；等等。

以《义务教育数学课程标准（2022年版）》中的例题为例：

图3-2-1中每个小方格为1个平方单位，试估计曲线所围图形的面积。

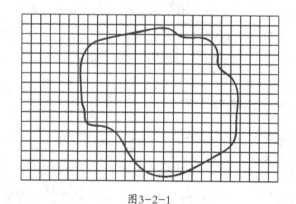

图3-2-1

与此类似的物理题我们在初中物理学习中并不陌生，例如：

如图3-2-2是一个中学生的双脚站立在地面上的方格纸上的脚印，每个方格的面积为6.0 cm²，则该同学双脚对地面的压强大约为（　　　）。

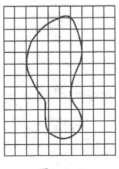

图3-2-2

A. 1.5×10^3 Pa

B. 500 Pa

C. 1×10^5 Pa

D. 1.3×10^4 Pa

同样类型的题目的进阶版还出现在高中物理中的典型例题中——用油膜法估算油酸分子的大小。由于实际分子间存在间隙，结构复杂且非球体，这里把分子看成小球，是对分子建立的一种简化模型，与力学中的质点、电学中的点电荷类似，也是理想化模型思想在微观领域的应用。

在做"用油膜法估测分子的大小"实验中，油酸酒精溶液的浓度为每10^4 mL溶液中有纯油酸6 mL，用注射器测得1 mL上述溶液中有液滴50滴，把1滴该溶液滴入盛水的浅盘里，待水面稳定后，将玻璃板放在浅盘上，在玻璃板上描出油膜的轮廓，随后把玻璃板放在坐标纸上，其形状如图3-2-3所示，坐标纸中正方形小方格的边长为20 mm。求：

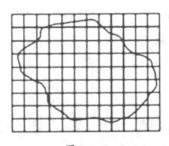

图3-2-3

（1）油膜的面积是多少？

（2）每一滴酒精油酸溶液中含有纯油酸的体积是多少？

（3）根据上述数据，估测油酸分子的直径。

此类题相较于初中阶段设计思想更为巧妙，有利于培养学生科学的思维方法、深化学生对微观世界的认识，提高学生对实验的操作技能、技巧。

物理中遇到此类题教师要么直接带过，留给学生自行解决，要么直接用数学中的方法——数方格。由于物理题中往往不求精细，选项区别主要在于量级上，因此对于大部分学生而言几乎体会不到"估算""极限思想"的奥妙。

但是以学科交叉渗透的角度思考，该题的教育价值不止于此。教学时教师可以合理引导，鼓励学生运用不同的方法估计图形的面积。学生最早接触的"切割法""拼凑法"，适用于比较简单的不规则图形；再者有粗略估算的"半格法"，满半格按1格计算，不满半格按0计算；还能用"区间法"，即数出图形内包含的完整小正方形数，估计这个图形的面积，再加上图形边缘接触到的所有小正方形数对应估算的面积，实际面积在这两个估计值之间。

对于学有余力的学生，可以更富有挑战性，引导他们将所有的小正方形分成更小的正方形，探索更接近实际面积的估计值，渗透极限思想，注重学生估算意识和能力的培养。最后回归到物理情境中，探讨不同估测方法对物理量的计算结果的影响是怎么样的，构成具体情境下交叉渗透物理、数学问题解决的闭环，让学生在此过程中锻炼发散、创新思维，达到在物理学习中感悟数学思想和方法、积累数学活动经验的效果。

（二）物理、数学的科学态度与精神相同

物理与数学一样，都提倡实事求是、尊重自然规律的科学态度，以及坚持真理至上、勇于怀疑和修正错误的精神。俗话说数理不分家，物理学界更有不少出色的数学家，最具代表性的便是堪称百科全书式"全才"的艾萨克·牛顿——英国著名的物理学家，著有《自然哲学的数学原理》，他与戈特弗里德·威廉·莱布尼茨共同发展了微积分学，还证明了广义二项式定理，提出了"牛顿法"以趋近函数的零点，并为幂级数的研究做出了贡献。麦克斯韦——

19世纪伟大的英国物理学家、数学家，其最大功绩是提出了将电、磁、光统归为电磁场中现象的麦克斯韦方程组。

（三）物理公式定理背后的数学

初中物理和数学交叉渗透内容的代表无疑是穿插在每一章节中的物理公式与物理定理，证明过程其实就是数学过程，物理实验的结果就成了这些定理在某种条件下存在的证据。

初中阶段用比值定义法定义的物理量有速度 $\left(v=\dfrac{s}{t}\right)$、密度 $\left(\rho=\dfrac{m}{V}\right)$、功率 $\left(P=\dfrac{W}{t}\right)$、压强 $\left(p=\dfrac{F}{S}\right)$ 等。除此之外还有一部分公式，是运用数学中等量代换与抵消的思想推导而产生的，如柱状体压强公式 $p=\rho gh$ 就是由 $p=\dfrac{F}{S}$ 通过等量代换与抵消得来的，同类的还有通过阿基米德原理（$F_{浮}=G_{排}$）推导出的常用公式 $F_{浮}=\rho_{液}gV_{排}$、由功率的公式 $P=\dfrac{W}{t}$ 推导出的 $P=Fv$ 等。

二、物理数学交叉渗透教学中的课堂导入

物理、数学作为理科，具有逻辑鲜明、复杂度较高的特点，因此不可避免地被打上"枯燥"的标签，物理数学交叉渗透教学中如何调动学生的学习积极性和主动性，使其保持课堂专注、紧跟教师思路是改善教学质量的关键，所以课堂导入必须同时具备趣味性、实际性和启发性的特点，达到充分调动学生的兴趣、提高课堂效率的教学目的。

根据教学内容的具体特征，教师在教学实践中可以灵活采用不同的方法实现教学目标，下面我们举几个具体的案例进行说明。

（一）知识迁移导入法

知识迁移是一种学习对另一种学习的影响，是普遍存在的现象，但却不是在学生脑子里自动发生的现象，它需要我们创设一定的情境和条件，采取一定

的方法，促进学生将已有的知识经验"正向"迁移到未知的学习活动中。

数理不分家的特点为学生进行知识迁移提供了得天独厚的条件，首先，我们应导入学生已知的物理现象或数学知识，然后启发学生利用哪些数学语言可以精准描述它们，从而将知识迁移到物理规律的描述当中。

以最简单的物理量——路程、速度及时间的联系为例，这是学生在物理学习中接触的第一条物理公式。我们在讲课的过程中发现，其实这些物理量对于学生而言并不陌生，因为他们在小学数学中就已经学过"路程等于速度乘以时间"，初中阶段大部分学生在更改文字表述为字母公式 $v=\dfrac{s}{t}$ 上感到吃力，在运用数学知识解决物理问题的过程中，无法将物理量的意义赋予对应字母，因而造成了运用公式分析物理问题的思维偏差。尽管公式简单，应用也仅是围绕公式变形，但依然还有部分学生需要较长时间对此类计算题进行消化。

直接给出式子并非好的迁移方式，不妨多花些时间，引导性提问"赛跑过程的一个瞬间，你能判断谁跑得快吗？""如何通过赛跑时间成绩判断输赢？"让学生从解决问题的角度完成知识的正迁移，再进一步提问"假设汽车在10 s内通过了100 m，海燕在5 s内通过了60 m，此时谁运动得更快？"这时学生发现简单的经验解决不了问题，从而联想起数学知识，教师适时点拨单位时间内通过的路程的数学表述——物理学中，把路程与时间之比叫作速度，强调比值关系，避免学生陷入速度与路程成正比、与时间成反比的误区。

同样的策略还可以应用于压强的讲解。在导入环节中，我们也可以先通过实验结论：压强与压力和受力面积有关，引导学生思考如何用数学语言描述这个结论，从而引出 $p=\dfrac{F}{S}$ 的物理意义，这与平白直叙的导入方式相比教学效果有所改善。

（二）价值取向导入法

学习的价值取向是学习者对学习对象的一种认同感，即认为学习对象有价值，值得付出时间和精力学习。而学习的目的是掌握某种知识或技能，以做到

"学以致用"，或者是提高某种能力，为将来的发展打好基础、做好铺垫。

例如，在导入一次函数的时候，可以直接和学生说："一次函数及其图像是初中代数、物理的重要内容，也是高中解析几何的基石，更是中考的重点考查内容。"然后，我们将某些物理中考的题目通过PPT呈现在大屏幕上，让学生看到确有其事。现在大部分学生都比较"功利"，他们对与中考有关系的考点知识尤为热衷。学生感受到这堂课的重要性，就达到"不用扬鞭自奋蹄"的效果。

又如，物理解题过程中常遇到数学中的"通分"，比如平均速度求法，串并联电路中电阻、电流的计算等，物理课上我们发现，尽管学生已在数学课上学习过相关知识，这依然是难点所在，尤其是物理中常用字母（物理量或未知数）代替数字，对学生而言挑战更大，这就需要物理课上再一次对数学方法进行巩固。简单几句"开场白"，强调知识点的重要性，能够直接切入要害，学生更容易被知识的价值所吸引，明确学习的意义，课堂效率也得到了明显提高。

（三）知识质疑导入法

都说学贵有疑，疑——往往能使人感到"奇"，奇又让人产生"新鲜"的感觉。随着学生学习习惯的养成，教师可以单刀直入，运用数学物理方法设疑，直接提出问题，设置悬念。

比如在讲电功率概念时设计如下思考题：

（1）在1h内甲用电器用了1kW·h电，乙用电器用了1.5kW·h电，用数学物理方法比较它们用电的快慢，并说明物理意义；

（2）1kW·h电可使100W的电灯工作10h，可使50W的电灯工作20h，用数学物理方法比较它们用电的快慢，并说明物理意义；

（3）甲用电器在1h内用了0.8kW·h电，乙用电器在2h内用了1.2kW·h电，用数学物理方法比较它们用电的快慢，并说明物理意义。

弄清楚以上三问，学生对电功率概念的理解自然会水到渠成。

最后，我们要指出的是"数学物理方法"的课堂导入方式不能一成不变，必须要根据学生和具体课堂内容的特点灵活多变和适时调整，使学生保持一种新鲜感和求知欲，做到有的放矢。但不管采用何种课堂导入方法，都要做到在形式上简洁清晰；在知识上与所教授的内容一致；在情感上调动起学生的积极性。

（四）情境创设导入法

情境导入是指教师通过语言描述或创设问题情境，诱发学生的探究心理，引起学生解决问题的兴趣和欲望，促进学生积极思考，主动介入教学活动的一种课堂导入方法。因此如何设计出符合教学需要的数学或物理情境引导学生进行思考是该方法成功的重要基础。

在学习阿基米德原理之前，我们学习了液体压强和浮力的压力差法，知识衔接可以通过一道数学推导题进行：

如图3-2-4所示，把一个底面积为S，体积为V的长方体浸没在密度为$\rho_{液}$的液体中，上、下表面分别距液面为h_1和h_2，请从浮力产生原因的角度推导出阿基米德原理的表达式：$F_{浮}=\rho_{液}gV_{排}$。

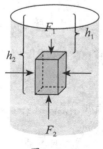

图3-2-4

解：由液体压强公式$p=\rho gh$及压强公式$p=\dfrac{F}{S}$得：

长方体上表面受到液体的压力：$F_1=p_1S=\rho_{液}gh_1S$，①

长方体下表面受到液体的压力：$F_2=p_2S=\rho_{液}gh_2S$，②

上、下两表面的压力差$F_{浮}=F_2-F_1=\rho_{液}gh_2S-\rho_{液}gh_1S=\rho_{液}g（h_2-h_1）S$，③

接下来再引导学生比较③式和阿基米德原理的表达式的区别，运用数学中的转化思想实现推导。

长方体浸没在液体中，则长方体排开液体的体积：$V_{排}=(h_2-h_1)S$，④

所以，结合③④式有：$F_{浮}=\rho_{液}g(h_2-h_1)S=\rho_{液}gV_{排}$。

这让学生感到眼前一亮、耳目一新。这时，教师再引导学生找到更多类似

这样的物理推导公式，如功率推导式：$P=\dfrac{W}{t}=\dfrac{F_s}{t}=Fv$，可以替换式中某些物理

量，以丰富学生的"武器装备"，方便应对不同已知量的解题。

我们通过设置情境鼓励和启发学生，让其像寻宝一样寻找各种有趣的公式，为降低难度，教师还可先展示"武器装备"的组装图（推导式）、提供零部件（所用公式），然后引导学生组装（证明它们的成立），让学生加强对物理公式的理解和应用。在这个情境里，学生同样能够被可视化的结果所吸引、所震撼，并且为了追求最后的成功组装而保持课堂上的专注，求知欲望强烈，课堂教学效果得到显著改善。

三、物理数学交叉渗透教学中的解题应用

在初中的物理解题过程中常会出现各种数学方法的运用，灵活使用这些方法能让学生在物理解题中事半功倍。

（一）使用比例方法解题

我们的物理定律、公式的物理量之间往往存在某些量成比例或倍数等关系，出题人往往抓住这一特征做文章，在求解此类物理题时，可以用比例式建立起物理量之间的关系，再利用比例性质来计算。

例1：在探究"重力的大小跟什么因素有关"的实验中，得到表3-2-1的数据：

表3-2-1

m/kg	0.1	0.2	0.3	0.4	0.5	0.6	0.7
G/N	0.98	1.96	2.94	3.92	4.90	5.88	

（1）本实验中用到的测量器材有：天平和弹簧测力计。

（2）分析如表数据可知：物体的质量为0.7 kg时，它受到的重力是6.86 N。

（3）由本实验得出结论：物体所受重力与其质量成正比 。

（4）如图3-2-5四个图像中，关于物体重力的大小与其质量的关系，正确的是B。

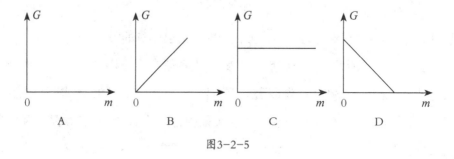

图3-2-5

解：（1）略。

（2）$g=\dfrac{G}{m}=\dfrac{0.98 \text{ N}}{0.1 \text{kg}}=\dfrac{4.90 \text{ N}}{0.5 \text{kg}}=9.8 \text{ N/kg}$，

$G=mg=0.7 \text{ kg} \times 9.8 \text{ N/kg}=6.86 \text{ N}$

（3）（4）利用数学中正比关系不难得出答案。

例2：为了制作弹簧测力计，小红选了甲、乙两根不同的弹簧进行了实验，记录了表3-2-2甲弹簧的实验数据和表3-2-3乙弹簧的实验数据（表3-2-3中缺一数据），分析数据可知（D）

表3-2-2

拉力（N）	0	1	2	3	4	5
弹簧的长度（cm）	6.0	9.0	12.0	15.0	18.0	19.0
弹簧的伸长量（cm）	0	3.0	6.0	9.0	12.0	13.0

表3-2-3

拉力（N）	0	1	2	3	4	5
弹簧的长度（cm）	6.0	7.5	9.0	10.5	12.0	13.5
弹簧的伸长量（cm）	0	1.5		4.5	6.0	7.5

A. 当拉力为2 N时，乙弹簧的伸长量为9.0 cm

B. 当拉力为5 N时，甲弹簧发生弹性形变

C. 拉力相同时，甲弹簧伸长的长度比乙小

D. 乙弹簧制作的测力计量程比甲大

例3：甲、乙两物体质量之比为1：2，当它们降低相同温度时，放出热量之比为2：1，则组成两物质的材料甲、乙的比热容之比为4：1。

解法1：$c_1=\dfrac{Q_1}{m_1\Delta t}=\dfrac{2Q_2}{\dfrac{1}{2}m_1\Delta t}=4c_2$，甲物质的比热容是乙物质的4倍，

甲、乙的比热容之比为4：1；

解法2：$\dfrac{c_1}{c_2}=\dfrac{\dfrac{Q_1}{m_1\Delta t}}{\dfrac{Q_2}{m_2\Delta t}}=\dfrac{Q_1}{Q_2}\cdot\dfrac{m_2\Delta t}{m_1\Delta t}=\dfrac{Q_1}{Q_2}\cdot\dfrac{m_2}{m_1}=2\times2=4$，

$c_1:c_2=4:1$。

例4：一均匀木板AB，B端固定在墙壁的转轴上，木板可在竖直面内转动，木板下垫了木块C，恰好使木板水平放置，如图3-2-6所示，现用水平力F将C由A向B匀速推动过程中，推力F将（B）

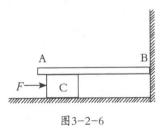

图3-2-6

A. 大小不变　　　　　　　　　B. 逐渐增大

C. 先增大后减小　　　　　　　D. 先减小后增大

解：木板受重力G和C对它的支持力F_N作用，由力矩平衡条件知$G\cdot\dfrac{1}{2}L=F_N\cdot L$，

在C逐渐向右移动的过程中，支持力F_N对轴B的力臂L逐渐减小，则F_N逐渐增大。

由此可知，C和木板间、C和地面间的摩擦力逐渐增大，由平衡条件知，水平推力F也逐渐增大。

通过以上例题，比例法的优点显而易见，即做题速度加快、过程变得简便，但这种方法需要数学思维能力强的人才能驾驭，否则在公式转换时极易出错，从而导致做题慌乱。

（二）使用不等式方法解题

应用不等式的知识可以解决求极值之类的问题，比如最小力臂作图。

例5：如图3-2-7所示，曲杆AOBC自重不计，O为支点，AO=60 cm，OB=40 cm，BC=30 cm，OB和BC垂直。要使曲杆在图示位置平衡，请作出最小动力F的示意图和对应力臂L。

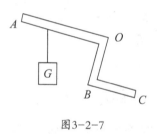

图3-2-7

解析：如图3-2-8所示，根据杠杆平衡条件可知，力臂越长越省力，OB=40 cm，BC=30 cm，OB⊥BC，由数学勾股函数$OC=\sqrt{OB^2+BC^2}=\sqrt{40^2+30^2}=50$（cm）<AO=60 cm，故AO力臂最长，过点A作AO垂线。

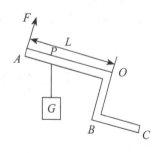

图3-2-8

点拨：注意力臂最长就最省力。

应用不等式的知识可以解决求取值范围类问题，比如通过记忆物理规律判断凸透镜焦距的取值范围，对于初中生而言是难点，运用不等式（组）的知识来解这类问题，就能化难为易了。

例6：某同学将一物体放在距凸透镜16 cm处时，在光屏上得到一个缩小的像，当物体距透镜10 cm时，在光屏上得到一个放大的像，试问凸透镜的焦距的取值范围。

分析：根据凸透镜成像规律，首先要求学生由所给成像的性质找到对应的物距与焦距的关系，成放大实像时，$f<u<2f$；成缩小实像时，$u>2f$。

再将已知条件代入上述关系式可得：$$\begin{cases} f<10 \text{ cm}<2f \\ 16 \text{ cm}>2f \end{cases},$$

解不等式组，得到$5 \text{ cm}<f<8 \text{ cm}$。

（三）使用图像方法解题

利用图像这种特殊且形象的数学语言工具，来表达各种现象的过程和规律，这种方法称为图像法。图像法广泛应用于物理学习中，能够直观、形象、简洁地呈现物理现象和物理量之间的变化规律，在力学、光学、电学、热学中都大量涉及数形结合习题，如运动中常用的速度–时间图像（v–t图）、路程–时间图像（s–t图），物态变化中用温度–时间图像（T–t图）呈现晶体与非晶体的熔化与凝固、液体的沸腾的特点，伏安特性曲线图常用纵坐标表示电流I、横坐标表示电压U，以此画出的I–U图常被用来研究导体电阻的变化规律。

对于图像，物理课上要明确的是图像中各部分的物理意义："点"——表示一个物理状态；"线"——表示一个特定的物理量；"线段"——表示一个物理过程；"面"——可能表示图像中各部分组合的物理意义。

图像法解题的一般步骤是：①观察图像中横、纵坐标所表示的物理量和坐标上的分度值；②明确图像所表达的物理意义，利用图像的交点坐标、截距和图像与坐标所包围的面积等，进行分析、推理和计算；③结合题目得出结论并作答。

例7：如图3-2-9中的两条直线表示甲、乙两个物体做功与所需时间的关系，由图像可知，甲、乙两物体的功率关系是（A）。

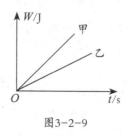

图3-2-9

A. $P_甲 > P_乙$

B. $P_甲 < P_乙$

C. $P_甲 = P_乙$

D. 无法比较大小

解法1：由图3-2-9可知，当做功时间t相同时，$W_甲 > W_乙$，由$P = \dfrac{W}{t}$可知，

$P_甲 > P_乙$。

解法2：这是一个$W-t$图，根据公式$P = \dfrac{W}{t}$，图像斜率即为功率大小P，直线

越陡则斜率（功率P）越大，因此$P_甲 > P_乙$。

点评：本题的关键是学会通过图像来分析做功时间与做功多少的关系，从而比较功率的大小，注意图像中两条线分别代表的是哪一物体。

例8：如图3-2-10甲所示的电路中，R_1为滑动变阻器，R_0、R_2均为定值电阻，电源两端电压保持不变，改变滑动变阻器R_1的滑片位置，两电压表的示数随电流变化的图像分别画在图中乙所示的坐标中，根据以上条件可知电阻R_0的阻值为2Ω。

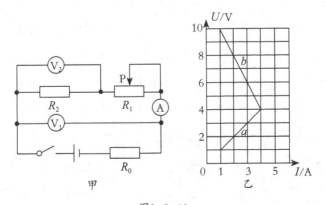

图3-2-10

分析：滑片在最右端时→R_1接入的电阻最大→$R=R_0+R_1+R_2$最大→由$I=\dfrac{U}{R}$知

最小电流对应着横轴的电流$I=1A$，此时$U_2=IR_2$最小，对应乙图$U_2=1V$，$U_1=U-IR_0$最大，对应乙图$U_1=10V$。当滑片向左端滑动时，R_1变小，R变小，I变大，U_2变大，U_1变小。

当滑片在最左端时，$R_1=0$，电压表示数相同。R最小，电路中的电流最大，对应着乙图中的交点。

解：R_0、R_1、R_2是串联；

由图3-2-10可知：$I_1=1A$时电压表的示数为10V；

$U=10V+1A×R_0$ ①

$I_2=4A$时电压表的示数为4V

$U=4V+4A×R_0$ ②

联立①②得：$U=12V$，$R_0=2Ω$。

除了课本内学习的物理公式定理的应用，考试时还经常遇到结合生活实际的题型，其中就包含数形结合类的题目，此类题一般对应题目信息点看图，留意图像"点""线""面"，不难解决。

（四）使用几何方法解题

刚开始接触光的折射，学生作图时可能仅仅考虑入射角与折射角的大小关系，普遍存在入射光线与出射光线不平行的情况。

发现问题后，我们可以设疑：为什么这两条光线必须平行呢？

当入射光线A斜射入玻璃后，会发生折射（如图3-2-11），角1大于角2，光在玻璃中沿直线传播，在玻璃的另一面射出也发生折射，角3小于角4；由于玻璃是平行的，所以在两个界面发生折射的法线是平行的，所以有角2=角3（两直线平行，内错角相等），再根据玻璃的折射率一定，光路是可逆的，所以角1=角4。

将射出的光线向反方向延长至与另一根法线相交（如图3-2-11），可知角4=角5（对顶角相等）；角5=角6（两直线平行，同位角相等）；角1=角6（等量代换）；所以从另一侧射出的光线C与入射光线A是平行光线（同位角相等，两直线平行）。

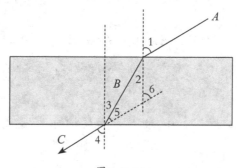

图3-2-11

掌握此知识点后，可乘胜追击，增加难度，给学生这样一道变式：

两块完全相同的平行玻璃砖相互垂直放置，如图3-2-12所示。一束单色光从左侧水平射入左侧玻璃砖，从右侧射出，则出射光线与入射光线（　　　）

A. 平行　　　　　　　　　　B. 不平行向上偏折

C. 不平行向下偏折　　　　　D. 都有可能

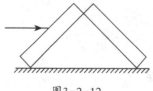

图3-2-12

本题中，光线经过四次折射，空气→玻璃→空气→玻璃→空气，按要求作出图像，就可以得到答案。由于玻璃砖垂直，第二次折射的入射角等于第一次折射的折射角，所以第二次折射的折射角等于第一次折射的入射角，最后的出射光线与入射光线相比，只是作了平移，即出射光线与入射光线平行。

同理，经过第二块玻璃砖时，也是这样两次折射，第四次的折射光线，与第三次的入射光线即第二次的折射光线平行；第二次的折射光线与第一次的入射光线平行，因此经过两块玻璃砖折射后，出射光线与入射光线平行，如图3-2-13所示：

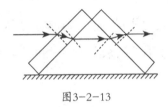

图3-2-13

故选：A。

需要重视的是，尽管物理离不开数学，但是二者在规范性问题上还是有区别的。比如数学中常用"x"给未知数设值，物理中则直接用未知数对应物理量的字母代替，格式上用"联立"代替解方程过程；物理中计算题一般采用"解""答"形式，数学中则只用"答"；数学解题过程不用带单位，而物理解题过程中每一个步骤都需要写单位，这些是学生常常踏入的误区。

实践证明，在数学物理融合的背景下，在授课过程中"诱思""导思""反思"，优化、训练学生思维活动过程，可以培养学生的创造能力和可持续发展能力，为其终身发展奠定坚实的基础。

第三节 物理与音乐

习近平总书记提出美育的功能，学校的美育教育要实现的目标就是提高学生的审美和人文素养。审美是人的一种基本素养，人文素养所涉及领域则更加宽泛，那么这两个看不见摸不着的东西，在学校教育中如何实现呢？

爱因斯坦曾经说过："世界可以由音符或数学公式组成。"物理学用逻辑思维和数学语言来揭示自然现象背后的未知规律；而音乐运用形象思维和艺术语言来揭示人类复杂情感中未知的内容。物理的理性思维对音乐发展有良好的促进作用，音乐又以其特有力量回馈于科学研究，二者在许多方面是相通的。

本节的创新之处在于在优化物理教学各个过程的同时充分关注学生兴趣，尤其是在声学讲授过程中融入音乐元素，不仅可以达成本章教学目标，还能使教学环境更轻松、教学方法更灵活、教学内容新且精。

一、音乐现象中的物理问题

音乐是人们喜闻乐见的一门艺术，物理学家斯蒂芬·霍金接受英国广播公司的《沙漠孤岛》节目采访时曾说："如果在沙漠孤岛上可以听音乐和研究物理，我根本不想被拯救。"

光、声、力、热、电在初中物理中的基础地位，决定了物理学知识和音乐"你中有我、我中有你"般紧密的联系。声波的音调、响度、音色等物理基础要素组成了音乐中的节奏、旋律、音量等成分，如弦振动、簧振动、膜板振动、人体声乐以及电振荡等本质均属物理声学问题。我们在日常教学中交叉渗透物理和音乐知识，主要可以从以下几个方面着手。

（一）从乐器乐理中看物理原理

1. 弦类乐器的物理原理

中国乐器中的弦类乐器大致包括两类：弹拨乐器（如琵琶、扬琴、古琴、筝、热瓦普、冬不拉、阮、柳琴等）和拉弦乐器（如二胡、板胡、马头琴、革胡、中胡、艾捷克、京胡、高胡等）；西洋乐器中的弦类乐器包括弓拉弦鸣乐器（如小提琴、中提琴、大提琴、倍低音提琴、电贝斯等）和弹拨弦鸣乐器（如竖琴、吉他等）。

弦类乐器的音色统一，柔美、动听，最适合演奏抒情的旋律。其物理发音原理是依靠机械力量（比如使用弓、手、拨片施加力等）使张紧的弦线振动发音，故发音响度有限。以小提琴为例，要使它发出浑圆动听的声音，就要使弦垂直振动。因此，演奏者在拉弓的时候，要保持弓毛的直线和琴弦呈"十"字，否则琴弦的振幅就会时大时小，影响发声质量。

再者，根据物理中音调和振动频率有关，而振动频率又取决于材料本身的结构、质量、粗细、长短等，因此通常用粗细不同甚至材料不同的弦演奏不同的音，有时须辅之各异的触弦方法来改变弦的长短和松紧，达到改变音调的目的。因其丰富多变的弓法（颤、碎、拨、跳等）具有灵动的色彩，弦类乐器富有多层次的表现力。

2. 管乐器的物理原理

管乐器大多通过空气柱的振动来产生乐音，根据发声方式，大致可分为唇鸣类（如长笛等）和簧鸣类（如单簧管、双簧管、萨克斯管等），材料普遍为木质和铜质。

木质的管乐器音色各异、特色鲜明，或悠远绵长、或深沉阴郁、或清丽凄美，如中国乐器中的笙、芦笙、排笙、葫芦丝、笛、箫等。铜管乐器都装有形状相似的圆柱形号嘴，管身都呈长圆锥形状，如中国乐器中的唢呐。铜管乐器的音色特点是雄壮、辉煌、热烈，虽然音质各具特色，但宏大、宽广的音量为铜管乐器的共同特点，这是其他类别的乐器望尘莫及的。

3. 打击乐器的物理原理

2008年北京奥运会开幕式上有宏大、新颖的击缶场面，按《说文解字》解释："缶，瓦器，所以盛酒浆，秦人鼓之以节歌。"尽管开幕式上出现的缶造型并非来源于真正的乐器，但是缶属于打击乐器一类无疑了。

打击乐器历史最为悠久，不仅仅包括通过鼓面振动发声的堂鼓（大鼓）、铜鼓、定音缸鼓，还包括响板、砂槌、钹、锣、三角铁等，总体来说，打击乐器是通过对乐器的敲击、摩擦、摇晃使其振动发出声音的。

4. 电子音乐的物理原理

传统的音乐声学研究的是各种乐器的发声机制，以及其发出的声音质量，现代物理的理论与技术不仅改变了乐器本身和演奏方式，也改变了音乐的创作、研究甚至教学手段，信息技术高速发展背景下的音乐研究不再受到时间和空间的限制。传感器、无线电、集成电路等技术的应用为音乐的发展与传播注入了科学思维，增加了科技感，增添了理性韵味。

19世纪末电子音乐的概念被提出，到20世纪20年代电子乐器的应用逐渐广泛。与传统的乐器不同，电子音乐是使用电脑音乐软件、电子合成器、效果器、鼓机等电子乐器音色所创造的音乐，比如电子琴就是采用大规模集成电路的键盘式乐器，通过内部特殊的电装置发声，因此既能演奏多种音色的音乐，也能在演奏的同时播放所储存的各类乐器的声音波形。不得不说电子音乐的诞生是一场乐器的变革，更是物理世界的科技变革。

近年来，随着科技不断发展和进步，交互式电子音乐开始为人们所探讨和研究。交互式电子音乐是科技与艺术相结合的产物，其研究涉及艺术学、理学、工学等学科，具有显著的跨学科融合特征，应用范围包括作曲、程序语言及编码、人机交互、音乐信息检测与感知、数字音频信号处理、数字乐器研发、物理建模、声音空间化及算法作曲等方面。比如以传感器技术中的超声波传感器为切点，结合Max/msp平台与 Arduino平台的程序搭建所创作的交互式电子音乐作品[1]；结合物理运算的常用程序、功能组件将VR、Leap Motion应用于Max/MSP与Unity中，分析此类作品在创作与表演中的各类特征[2]。

在物理科技创新发展的大背景下，现代音乐家能够使用更多元的技术手段和更丰富的表现形式向大众呈现更具个性化、深层次的艺术。我们在物理教学中，可以引导学生通过网络查资料、阅读书籍的途径进一步了解科技前沿给人类生活带来的精神和人文财富。

5. 乐理的物理原理

现行的国际标准音高为1939年5月国际标准化组织在伦敦通过的A4=440Hz，亦称"第一国际音高"或"音乐会音高"，即C大调音阶中第6个音（la）的频率为440Hz。根据物理学中的谐振规律，我们可以得到临近的A5的频率是880Hz，A3的频率是220Hz。然而，为什么不同乐器演奏出的旋律我们听起来有所差异呢？原因是：与音叉始终发出单一频率不同，钢琴、萨克斯、古筝等乐器在弹奏时，基频和谐频几乎是同时产生、同时存在的，我们听到的是基频和谐频的复合音，是多个频率合成的结果，因此音质更加丰富饱满。

综上，无论是乐器的发声原理，还是表演者的演奏技术，都蕴含了丰富的物理学原理。学生充分体验物理与音乐的交叉渗透，物理学科素养与人文素养能同时得到发展与提高。

（二）从音乐场所中悟物理应用

物理来源于生活，是对生活中物理现象的总结；物理又应用于生活，与生活息息相关。教师在进行物理教学的时候，应善于由情入境，由境入学，对学生生活中常见的物理现象提出疑问，让学生对身边环境进行观察，发现并解释其中的物理原理，条件允许时还可组织学生对感兴趣的知识进行课外探究性实

---

① 黄文钰. 基于超声波传感器的交互电子音乐作品的设计与实现［D］. 武汉：武汉音乐学院，2021.

② 宋伟明. 基于物理运算引擎的可视化交互式电子音乐作品设计与实现［D］. 武汉：武汉音乐学院，2021.

践活动，发挥学生的主观能动性，加强学生人文体验，比如"从音乐场所中悟物理应用"就是不错的选题。

人教版物理八年级上册的"科学世界"中提到的回音壁是北京天坛皇穹宇的围墙，建造暗合了声学的传音原理。围墙由磨砖对缝砌成，光滑平整，圆周率精确，有利于声波的规则反射，加之围墙上端覆盖着琉璃瓦，使声波不至于散漫地消失，形成回音壁的回音效果。

在扩声系统发明之前，数量众多的人群就选择聚集在礼堂里，聆听发言者未经扩声的讲话。如何利用房间的几何结构和建声处理，为声源提供自然的声音增强，成为人们努力的方向。以歌剧院为例（如图3-3-1），其形状整体多呈长方形，两边配合扇形，顶部比较高并有一些凹槽，四周的墙壁以光滑的木板材料为主，这些设计都是考虑到了声音在礼堂中的反射，通过这些设计让声音在礼堂更好地传播，增强音质效果和艺术效果，让观众能够大饱眼福和耳福。

图3-3-1

商圈、公园中我们见到的"魔法音乐钢琴"（如图3-3-2），利用地板式压力传感器将开关信号传送到电路板，带动套着螺线管的小锤敲击金属共振片，每块共振片可发出不同音调的声音，实现当人踩在琴键上时能步步生音。音乐楼梯由德国大众公司推出，率先在瑞典首都斯德哥尔摩的地铁站试运行。音乐楼梯吸引更多上下班的人们用爬楼梯代替乘电梯，实现加强锻炼的目标。还有地面互动钢琴，它利用投影机将画面投射在地面上，当人们从投影区走过时，系统识别地面上的影像变化发出动人的乐音，让人们仿佛置身于真实的环境中，实现人机互动体验。

图3-3-2

KTV、唱吧等娱乐场所的隔音墙和隔音门也蕴含了不少初中物理学中"减少噪声危害"的学问。从声源处着手，除了控制音量范围，还可以从音箱的减振问题入手，一般可采用减振吊钩、减振台等方式处理。KTV包房从传播过程中着手减少噪声，主要措施有：①加厚墙体，或采用隔声板材使墙体隔声性能获得大大提高（如图3-3-3）；②采用隔声门，或设计双层门，形成"声闸"隔声结构，效果显著；③采用双层天花板，或在天花板内喷涂植物纤维素材料，地面铺设阻尼隔声毡、隔声地板、隔振器等。

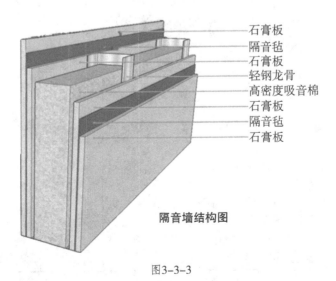

石膏板
隔音毡
石膏板
轻钢龙骨
高密度吸音棉
石膏板
隔音毡
石膏板

隔音墙结构图

图3-3-3

（三）从中考物理中析音乐渗透

新课标对试题命制提出明确要求，要创设真实的问题情境，以便考查学生运用物理知识解释现象与解决问题的能力。广东中考物理试题中，有不少以音乐为情境的题目，见表3-3-1。

表3-3-1

广东中考	题目	考查点	分析
2021年	2.图中是八个相同的玻璃瓶，装有高度不同的水。用筷子分别敲击瓶口，下列说法正确的是（　　） a b c d e f g h A.声音主要是由瓶内空气振动产生的 B.声音主要是由玻璃瓶振动产生的 C.a瓶的音调最低 D.d瓶的音调最低	自制乐器	敲击瓶子产生音乐，判断自制乐器原理和音调高低。特别要注意的是在敲击瓶子和吹瓶子的时候，发声体是不同的
2019年	5.赛龙舟不仅是一项体育娱乐活动，更体现我国悠久历史文化传承。如图所示为某比赛场景，下列说法错误的是（　　） A.选手根据鼓声齐心协力划桨，鼓声是由鼓振动产生的 B.选手听到鼓声大作，震耳欲聋，说明此时鼓声的响度大 C.选手能从现场各种声音中听出鼓声，主要是通过鼓声的音色来辨别的 D.鼓手敲击鼓面越快，鼓声在空气中传播的速度也越快	乐器	判断鼓的发声原理和响度大小

广东中考	题目	考查点	分析
2018年	3.音乐会上小提琴演奏乐曲时，下列说法正确的是（　　） A.演奏前，调节小提琴的琴弦松紧可改变声音的响度 B.演奏时，用力拉紧小提琴的同一琴弦可提高声音的音调 C.小提琴演奏的乐曲通过空气传入听众的耳朵 D.小提琴的音色和二胡的音色相同	乐器	判断小提琴发声原理和改变小提琴音调、响度的方法。
	10.如图所示是表示音频、视频和射频三种信号的波形示意图，频率最高的是____信号。 	波形图	通过波形图判断音频、视频和射频信号频率

　　研究往年试题可见，中考命题逐渐脱离"直白""机械记忆"的考查方式，更多结合乐器、生活中的音乐场景命题，2021年更是创新性引入"自制"乐器。同样的玻璃瓶装水发声，用"吹"还是用"敲"的演奏方式所对应的发声体不同，简单一道选择题便将学生筛选为"做过"且"悟了"和"没做过"或"没悟"两类学生。以此为风向标，学生在日常的物理学习过程中既要动手，也要动脑。

二、音乐在物理学习中的作用

（一）丰富教学实践，培养创新意识

　　正如上文提到的"从乐器乐理中看物理原理"，大部分乐器的物理原理并不复杂。教师通过自制实验教具激趣，鼓励学生课下自制乐器并在课上提供给学生展示、演奏的时间，将书本中的物理知识与生活中的乐器结合，不仅能够帮助学生理解和掌握知识，还能激发他们的学习和动手兴趣，从而收到良好的教学效果。

比如江西师范大学的胡银泉老师在课堂上仅使用一根钢丝线和一块磁铁弹奏出了优美的乐曲，引得在场学生拍案叫绝。为了帮助学生理解发声原理，胡老师使用身边的日常物品研制了一整套实验教具，深受学生喜爱。华南师范大学研究生毕业的90后冯铭昆把物理公式、教材内容改编成了一首首朗朗上口的流行歌曲，如《青花瓷》《物理台》两首歌曲将物理必修一、二进行了总结，他编写的《海语物理》集纳各种物理歌曲，随新教材一同派发给该校的学生。冯老师制作的物理歌曲在被学生津津乐道之余，更有效提升了学生们学习物理的兴趣，成绩也显著提高。江西赣州信丰中学的物理老师朱向阳发布的"纸杯留声机"视频爆红网络，火上热搜，全网阅读量1.2亿，不少网友感到震撼。

这些只是众多学科融合教学案例中的冰山一角，鲜活有趣的教学创新案例每天都产生于全国各地一线物理教师的课堂中。实际上，不管是弦乐、管乐都能用常见物品实现，比如探究活动——让吸管发声。不少学生会直接用嘴吹吸管，发现发出的声音是刺耳的噪声。让吸管发出悦耳的声音需要一点小技巧，个别同学结合吹树叶或用手吹哨声的经验，探索尝试能发现，将吸管一端捏扁后，用剪刀剪出一个梯形的顶面，可以充当发声的簧片。如图3-3-4，课后，学生用吸管自制排箫，又用纸皮等材料制作拨浪鼓，极富有创意。

图3-3-4

初中物理教学过程，尤其是声学的教学过程中添加音乐元素，既能帮助学生深度感知、提高审美品位，还能避免出现游离课本、随意拓展的通病。

（二）提高思考效率，舒缓课堂气氛

荣获诺贝尔奖的物理学家薛定谔认为，是音乐启发了他的智慧。音乐除了作为物理课上的教学素材，还能作为促进学生脑力活动和提高课堂专注度的催化剂。

我们都知道绝对安静的场所反而不利于人们的学习和工作，心理学家通过研究发现，人脑存在4种不同的状态：α、β、θ和δ状态，其中当大脑处于α状态——8~13Hz波段上工作时，人处于放松警觉性状态，相较于全清醒状态（β状态）、初期睡眠状态（θ状态）、深度睡眠状态（δ状态）而言，是大脑学习和理解知识的最理想状态，对知识的吸收和理解更加高效。因此，播放与大脑处于放松警觉性状态时相似波段的音乐节奏有助于放松身体、安抚呼吸，并引发极易于进行新信息学习的、舒缓的放松性警觉状态，使人的大脑能更准确、更迅速地理解知识信息的序列结构。

在讲到关键内容时，在课件或新媒体中添加合适音量、频率的音乐声响，学生大脑对知识的处理能更加高效，有助于促进学生理解和掌握知识，使知识以更加牢固的方式进入潜意识。这也解释了为什么许多人在专注工作时喜欢听音乐的问题。

此外，一堂课学生的专注时长是有限的，比起语、数、英等知识性强的科目，音乐因为具有强烈的情感信息特点，其发出的文化指令更容易渗透进人类的大脑，在引发思维主体情感共鸣的同时，营造出良好的文化氛围。美好的音乐能够给学生带来美的享受，帮助学生舒缓课堂上的紧张情绪、驱散倦怠心理，迅速调整学习状态，把学生的注意力重新吸引回课堂。只要合理应用，音乐也能一定程度地促进人们对物理学等科目研究的深入与拓展，这是艺术推动人类科学进步的一种新的诠释。

三、物理与音乐的互相成就

（一）科学技术背景下的音乐发展

音乐流传和发展的大前提是"留住"声音。磨制工具、冶金技术、印刷

术等发明创造的出现，使音乐得以以乐谱的形式被记录下来。已知最早发明的留声机录音装置是声波记振仪，它由法国人斯科特·德·马丁维利发明，并于1857年取得专利。声波记振仪能将声音转录到一种可视媒介，但美中不足的是无法在录音后播放。

1877年，美国发明家托马斯·阿尔瓦·爱迪生宣布，他发明了第一台圆筒留声机——能够录制并重放声音的装置，它记录下爱迪生朗读的《玛丽有只小羊》的歌词："玛丽抱着羊羔，羊羔的毛像雪一样白"。真实复刻下来的短短8秒的声音虽有些嘈杂，却是录音史上轰动世界的第一声。

尽管爱迪生一生中取得了很多种发明专利权，留声机依然是最令他得意的发明，他曾回忆说："我大声说完一句话，机器就会回放我的声音。我一生从未这样惊奇过。"为了降低制作成本、推广应用，虫胶、乙烯基塑料等录音材料被应用于圆盘唱片制作中，取代了圆筒留声机。

随着广播和无线电报技术的进步，1924年，贝尔实验室成功地进行了电声记录实验，人类录音的历史开启了电气化时代。电声记录将声波转换成电信号，然后通过这些电信号记录下来，终于实现了真实地记录和还原声音。在初中物理九年级《电动机》的学习过程中，学生可以尝试自制扬声器，感受利用磁联系电信号和声信号的奥秘。不同的发展阶段给音乐创作和欣赏提供了更加广阔的空间，磁带录音机、光盘CD机、录音笔引入磁、激光、数字技术、大规模集成电路，如今音乐创作者可以随时在录音棚或自己家里录制高质量的作品，用于个人参考、相互交流、网上发布，甚至正式出版。

现代音乐声学已发展成为一门跨物理学、美学、数学及计算机科学等的综合交叉学科，充分体现了音乐中现代科学与文化相互交融的艺术特色。

（二）音乐天赋加成的物理成就

物理学通过实践揭示世界的本质和真理，为人类生存提供物质基础，但缺乏人文终极关怀；而音乐的存在和发展，为人类提供深刻的精神文化，以其独特的人文魅力回馈和补足。事实上，物理研究不仅仅是理性的，还需要情感。物理学的发展长河伴随着音乐的渗透，物理学家往往和音乐有着不解之缘，他们不仅在专业领域取得了巨大的成就，业余也是音乐的"发烧友"。

牛顿可以说是物理和音乐交叉渗透研究上的先驱。1665年，牛顿对音高、音阶和音律的研究足足留有10页手稿。后来，他又用三棱镜做色散实验，证明阳光由红、橙、黄、绿、蓝、靛、紫7种色光组成，同时对"七音"与"七色"之间的对应关系进行了探索。人们根据牛顿的音乐和颜色的联觉理论制造了视觉大键琴、色彩钢琴和色彩风琴等。20世纪70年代，科学家还将激光技术应用在色彩音乐上。

图3-3-5

伽利略在父亲的影响下一直热爱着音乐。在比萨大学学医期间，对音乐节拍非常敏感的伽利略注意到教堂屋顶悬挂着一盏摇摆不定的吊灯，他通过观察并利用脉搏的跳动规律得出了摆的等时性。发现"落体定律"的斜面实验也是他受到鲁特琴的启发完成的。

同样受到家庭音乐氛围熏陶的还有著名的科学家爱因斯坦，他的母亲能弹会唱，是爱因斯坦的音乐启蒙老师。研究"相对论"期间，每当爱因斯坦遇到瓶颈时就会拿起小提琴，一遍又一遍地演奏乐曲，用音乐启迪灵感。作为伟大的物理学家，他从古典音乐中感受到了和谐之美，感到自然的和谐与物理理论的和谐是相通的。爱因斯坦的朋友音乐家铃木先生说："音乐激发人们的想象力。音乐激发了爱因斯坦对宇宙的观察，从而发表了著名的相对论。"

同期的量子力学创始人普朗克不仅是爱因斯坦研究科学的同事，同时还是爱因斯坦音乐爱好的知音。普朗克热爱音乐，并具有出众的音乐天赋，在选择大学专业时，在音乐、语言文学和自然科学之间徘徊的他最终选择了物理，得益于这个选择，他的研究成果成为打破19世纪下半叶物理学理论研究上的沉寂状态的一大创举。

在柏林科学院，爱因斯坦和普朗克经常一起合作演奏。他们沉迷于物理学的魅力，也痴迷于音乐的美好，在两位物理学家的心目中，科学之美与艺术之美从来都是没有界限的。

音乐具有启迪智慧的内在力量，使科学之树常青。其感染力不仅能驱散物理研究过程中的枯燥苦闷，帮助排遣烦琐的心绪，使大脑思维得到纯洁和净化，更像一汪清泉一样冲开思维的关闸，使物理学家获得源源不断的灵感，陶冶情操，提供美的享受，洗涤灵魂，使人获得精神上的充裕。

第四节　物理与体育

体育文化是我国社会主义文化的重要组成部分，是人类社会发展和文明进步的重要标志，更是综合国力和社会文明程度的重要体现，其肩负着塑造人健康体魄、健全心理的社会责任。然而长期以来，体育、美育和劳动教育在学校教育中仍处于弱势，没有得到足够的重视。"十三五"以来，以习近平同志为核心的党中央高度重视学校体育、美育和劳动教育工作，做出了一系列重大部署。在2020年，中共中央、国务院印发了《关于全面加强新时代大中小学劳动教育的意见》，以中共中央办公厅、国务院办公厅名义印发了《关于全面加强和改进新时代学校体育工作的意见》，就全面加强劳动教育、全面加强和改进新时代体育、美育工作进行了系统设计和全面部署。

要想提高学生体育素质，除了长期坚持锻炼之外，在校学习的方方面面中也应有所渗透、体现。物理和体育的交叉渗透，一方面体现为身体运动、生活方式，另一方面就体现在教育手段上，教师应采取更具灵活性、创新性与包容性的学习方式，让学生在物理课上学习体育知识，在体育课上化用物理理论，成为推动物理教育创新与变革的推动者。

一、中考命题中的物理与体育交叉渗透

教育部发布的《关于加强初中学业水平考试命题工作的意见》中明确指出，要积极探索跨学科命题，充分考虑城乡学生学习和生活实际，增强情境创设的真实性、典型性和适切性，提升试题情境设计水平。体育运动是全民项

目，任何区域、任何层次、任何年龄的学生都有接触并了解体育，基于体育学科的情境创设能够适配绝大多数学生的认知水平和需求。通过研究近年来的中考题，笔者发现以下题目体现了物理与体育的交叉渗透。

例1：（2020年广东省中考物理第7题）游泳时佩戴游泳圈是防止溺水的有效方法，质量为50千克的小绒佩戴游泳圈后能静静地漂浮在水面上，游泳圈对他的作用力大小最符合实际的是（　　）

A. 5000 N　　　　　B. 500 N　　　　　C. 50 N　　　　　D. 5 N

例2：（2020年深圳市物理中考第6题）端午节赛龙舟，对龙舟比赛中涉及的物理知识说法正确的是（　　）

A. 船桨是省力杠杆

B. 龙舟浮在水面上，受到的浮力大于重力

C. 用船桨向后划水，水给船桨向前的力，说明物体间力的作用是相互的

D. 到达终点时停止划水，龙舟仍会前行一段距离，是因为龙舟受到惯性
　　的作用

例3：（2021年江苏省淮安市物理中考第10题）如图3-4-1所示，淮安马拉松比赛于2021年4月18日成功举办，展示了淮安文明向上、蓬勃进取的精神风貌。小明同学参加了全程7.5 km的迷你马拉松比赛，用时45 min，小明全程平均速度为_____km/h，悬挂在道路两旁的横幅相对于奔跑中的小明是_____（填"运动"或"静止"）的。

图3-4-1

例4：（2021年四川省乐山市初中学业水平考试物理卷第32题）跳伞运动员在空中匀速直线下降，在此过程中运动员和伞的动能_____（填"增大""减小"或"不变"），重力势能_____（填"增大""减小"或"不变"）。

可见，自教育部发布《关于加强初中学业水平考试命题工作的意见》后，各省、市、区教育局高度重视，迅速开展教育改革和命题改革工作并在中考中有所体现，情境创设逐渐成了中考命题中的常客，体育情境也将逐渐增加。

二、借助体育认识物理

（一）在物理教学中创设体育情境

1. 利用体育情境点燃学习兴趣

根据布鲁纳、皮亚杰的观点，"学习最好的刺激是对所学材料的兴趣""一切有成效的工作都以某种兴趣为先决条件"，兴趣是鼓舞和推动学生学习的自觉动机，是调动学生积极思维、探求知识的内在动力。物理学科存在着大量的物理规律、概念以及公式，照本宣科的教学无疑是枯燥的，难以让学生提起兴趣。我们能做的便是在知识的呈现中下功夫，通过有趣的呈现方式点燃学生的兴趣。

篮球运动是一项高度国际化的运动项目，美国男子职业篮球联赛（简称NBA）作为全球最高水平的篮球赛事，其文化对中国学生的影响颇深。在物理教学过程中，以NBA文化作为载体，定能引起不少学生的共鸣。譬如在讲解影响动能大小的决定因素时，可以播放一个视频，视频内容是库里和奥尼尔冲入观众席的场景。在视频中，库里冲入观众席被观众稳稳抱住；而奥尼尔冲入观众席时，观众和替补纷纷躲闪。强烈的结果对比，让学生瞬间充满兴趣，这时学生不难得出质量是影响动能大小的其中一个因素。

在学习机械能守恒及其转化时，我们用摆球实验说明重力势能和动能相互转化，忽略空气阻力摆球永远不会砸到人的鼻子。此时播放另一个NBA的视频——火箭战胜鹈鹕的比赛中发生的搞笑一幕。上半场最后一攻，哈登的出手被哈特防下，上半场就此结束；哈登对自己的表现很生气，愤而拿球砸向地板，但是球直接狠狠地反弹到了哈登脸上，一旁清楚目睹了全过程的哈特也是看得一脸震惊的表情。"球反弹砸到脸"这一现象引起学生的认知冲突，激发起学生激烈的讨论。实际上，这个过程并没有违背机械能守恒定律，因为哈登用力将球砸向地板，对球做了功，因此，对球而言，总机械能增大了，反弹时能达到更高的高度，导致砸到脸上。以NBA球星的趣事作为切入点，正中学生的喜好，也让学生印象更深，兴趣更浓，为后面的学习奠定了基础。

孔子曰："知之者不如好之者，好之者不如乐之者。"经过两千多年的迭代，教育的手段在改变，形式在改变，但教育的本质不变。如果说兴趣是通往知识的一堵门，那么体育情境的创设便是教师给予学生打开这堵门的其中一把钥匙。

2. 巧用体育情境充当知识载体

初中学生不是一张白纸，他们有一定的社会阅历和生活体验，但对抽象的物理知识的理解和接受能力并不强，此时，体育情境的表象支撑功能可以帮助学生理解抽象的物理知识。例如在学习功和功率时，学生往往对这两个物理概念认识模糊。这时候我们可以引入举重运动来帮助学生理解。2021年东京奥运会73公斤级男子举重中，27岁的中国选手石智勇轻松挺举完成188公斤重量。同样是挺举188公斤的日本选手宫本昌典却显得有些吃力。可见虽然两位运动员完成的挺举重量是一样的，但是他们挺举的耗时不同，完成同样的一件事，功虽是一样的，然而完成这件事的效率却不一样。学生通过这一个体育情境理解了功与功率的区别，这就是巧用体育情境搭建教材内容和学生认知之间的桥梁，使体育运动情境充当知识传递的载体把物理知识传递给学生。

（二）在体育运动中理解物理规律

物理规律是中学物理知识中最基础、最重要的一环，框架不稳，高楼难建。帮助学生用最简单的方法理解物理规律是一门需要研究的学问。

对于多数物理学困生或是体育特长生，他们可能不知道"摩擦力的大小与压力有关"，但绝对知道"在拔河比赛中，必须得牢牢握住绳子"，他们可能不知道合力和分力之间的大小、方向关系，但在投篮时，明白可以通过调整发力的位置和力度控制球的运动方向。通过建立体育运动与物理规律之间的联系，学生可以借助体育运动和肌肉记忆理解物理规律，这不失为一种能够帮助其解"困"的好方法。

足球运动中有一种踢法叫"弧线球"，是指运动员利用步法，将球踢出，使球在空中呈弧形向前移动的踢法。弧线球常用于进攻者在对手禁区附近获得直接任意球时，利用其弧形跑动状态避开人墙直接射门。在球类运动中击球时，球员有意识地不通过球心施加力，力与球心有一定的距离偏差，便使球随之旋转。旋转的球会带动周围的空气向同一个方向运动，周围的空气会对运动的足球施加压力。这将使足球向前移动并偏向一侧，从而形成一个弧形。足球的弧形轨迹，可以欺骗对手或帮助成员绕过前面的障碍物。通过画图，学生可以从足球运动中理解压强与流速的关系，及空气流速大的地方压强小，两边的压强差施加的压力使运动的足球改变方向。

三、妙用物理指导体育

（一）物理规律改良体育训练

1. 杠杆原理

动力臂、阻力臂、阻力点、动力点及支点是杠杆的五要素，从物理学意义上看，人体的复杂结构也体现出各种杠杆结构，这就是所谓的骨杠杆。

在杠杆原理的指导下，整个人体都可以被看作一个杠杆，人体以关节为轴转动，通过肌肉韧带收缩来做出各种动作。初中物理学习中我们将杠杆分为三类，分别是等臂杠杆、省力杠杆和费力杠杆。类比到人体，抬头时头部相当于等臂杠杆，踮脚时脚部相当于省力杠杆，而抬臂举重物时手臂则相当于费力杠杆。

将杠杆原理应用到体育运动和竞技中，杠铃选手可以将身体靠近杠铃以缩短力臂，达到省力的目的；球类运动过程中，肩关节可以看作杠杆的支点，着力点是肩部肌肉附着点，阻力点是人体上肢及球拍重量的合力点，此时尽量伸长手臂和身体，或者尽可能抓住拍子底端，都是为了实现阻力臂的有效增长，进而充分发挥速度杠杆的优势，保证获得最大的速度。费力杠杆虽然阻力臂大于动力臂，但是其能够保证人体手或脚的运动幅度和速度处于最高的水平。同理可以解释推铅球的出手动作为什么要尽量舒展手臂。由于发力的特殊性，加上击球带来的反冲力，一些网球选手喜欢佩戴护肘，通过对肌腱的束缚以减轻疼痛、避免疲劳，协助手部的功能表现更协调。

2. 基本力学

（1）摩擦力

关于摩擦力，初中我们已经学习了摩擦力产生于两个互相接触的物体之间，阻碍物体间的相对运动。基于这一特点，体育训练中既可以利用摩擦力达到训练效果，也能通过减小不必要的摩擦力，帮助提升体育成绩。体育训练中有这样一项体能训练，训练者拖着轮胎跑步，其本质是通过轮胎与地面之间的摩擦力增加训练者的负荷，用高强度的训练促成训练者的高爆发力。曾经有个体育老师问过笔者一个问题，四个轮胎应该如何放置可以使训练效果达到最好。在物理学中，滑动摩擦力与受力面积无关，与压力和接触面粗糙程度有关，因此无论如何放置轮胎，在理论上，只要不发生滚动，效果应该是一样的。

下面以一道简化的物理题进行说明。

例5：如图3-4-2甲所示，A、B是完全相同的两个木块，将它们叠放在水平桌面上，用作用在A上的水平力推它们以$v_1=1$ m/s的速度做匀速直线运动，测得推力$F_1=100$ N；若按图3-4-2乙所示将它们并排靠着放在同样的水平桌面上，用作用在A上的水平力F_2推它们以$v_2=2$ m/s的速度做匀速直线运动，则F_2的大小为（　　　　）。

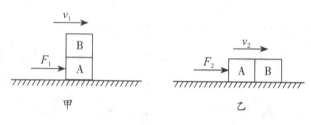

图3-4-2

A. F_2=50 N   B. F_2=100 N

C. F_2>200 N   D. 100 N<F_2<200 N

如图3-4-2甲所示，在100N的水平推力作用下，A、B一起做匀速直线运动，即此时A、B这一整体所受的推力和摩擦力是一对平衡力，故大小相等，所以此时的摩擦力就是100N，即f=100 N；如图3-4-2乙所示，若将A、B并排紧靠着放在水平桌面上，接触面的粗糙程度不变，压力也不变，因此摩擦力也不变，由于依旧做匀速直线运动，所以F_2=f=100 N。

在体操运动和举重运动中运动员使用镁粉或松香粉，都是为了增大摩擦，防止器材脱手。而滑冰背手是为了控制身体减少风阻系数，能保持身体平衡和更快速滑到终点；冰刀运动员之所以能够在冰面上自由滑行，则是因为冰刀与冰面之间相对运动时产生的摩擦力小。

（2）重心

重心的位置影响人体的平衡，即稳定性。支撑面越大，重心越低，稳定性越强。这在体育中有许多方面的应用，跨栏、平衡木、跳水等体育项目中应用颇广。比如柔道的目的就是在保持自身平衡的前提下，破坏对手的稳定性；跳高运动员的跳高姿势经历了由滚式到跨越式再到剪式，以及现在的背越式的演变（如图3-4-3），其姿势变化的目的均在于降低运动员的重心，以低耗省力的方式争取更高的高度。

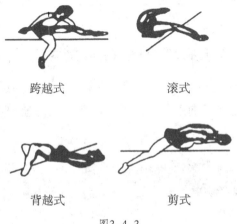

跨越式   滚式

背越式   剪式

图3-4-3

同样，在指导学生进行短跑训练时，体育老师要求学生起跑时要做到重心前移。其目的是利用惯性快速有效地蹬地起跑，如果在听到发令枪响之后还保持着僵硬的身体姿势，将无法让身体快速进入发力状态，从而落后于其他人，错过有效起跑时间，对下一阶段的稳步提速、持续加速和全速冲刺都将产生不良影响。

以百米跑为例，正确的做法是，采用蹲跪式起跑，将自己的习惯性用脚，踩在起跑线上，另一条腿跪在地上，脚掌踩牢地面，两只手五指张开微撑于地面。当听到"预备"声，两腿立起，提臀，身体前倾，身体一部分重量有意识地向两只手转移，力量积蓄于两腿，准备随时发力蹬地起跑；随着枪声一响，两腿骤然发力，两手快速撑起开始摆臂，身体呈前射状态，两腿尽力向两侧蹬地开跑。不同于直接一条直线向前跑，向左右两侧蹬地能将前7～8米的距离完全蹬开，尔后自然进入提速状态，如果一起跑就以直线方式跑，提速将变慢。

（3）牛顿第三定律

短跑训练过程中，体育老师一直强调要积极而有力地进行后蹬，这其中又蕴含着什么物理学原理呢？人跑步过程中的发力主要依赖于牛顿第三定律，即物体间相互作用力的关系。两物体之间的作用力和反作用力总是大小相等、方向相反、作用在同一直线上，因此人短跑过程中，通过腿部的用力向后蹬地面，向地面提供了一个向后下方的力，地面会相应提供一个向前上方的力，这个力的效果表现为水平方向上促成人体向前加速、竖直方向上帮助人的腿部离开地面，向前迈步。

而实际上，很多学生在短跑过程中的动作存在明显的失误，他们没有充分地"向后"蹬地，而是用力地"踩"地，如此人体对地面的力竖直向下，地面反过来给人的力就是竖直向上的，因而无法帮助人向前加速移动，踩地变成无效的高抬腿，无法有效提升体育成绩。

同理，牛顿第三定律还可以用于解释游泳时应如何规范泳姿实现有效拨水，增大在水中前进的速度。

（4）机械能守恒

当系统只有重力做功或弹簧的弹力做功时，系统的动能和势能相互转化，总能量保持不变。八年级下册学习这一章节时，物理和体育的联系就更加密切了。以这样一道题为例：

例6：在以下几项体育运动中，运动员的机械能守恒的是（　　　）。

A. 跳伞运动员匀速降落

B. 登山运动员奋力向顶峰攀登

C. 跳水运动员只在重力作用下做抛体运动

D. 自行车运动员沿斜坡向上匀速运动

判断机械能守恒的方法有两种：一是根据条件进行判断；二是根据能量的变化进行判断。跳伞运动员在空中匀速下降，运动员的动能不变，重力势能减少，机械能减少，机械能不守恒，故A错误；登山运动员奋力向顶峰攀登，重力做负功，重力势能增加，人的机械能增加，故B错误；跳水运动员只在重力作用下做抛体运动，只有重力做功，机械能守恒，故C正确；自行车运动员沿斜坡向上匀速运动，运动员的动能不变，重力势能变化，因此机械能不断变化，机械能不守恒，故D错误。

除了题中涉及的跳伞、登山、跳水、自行车外，撑竿跳高、蹦极、跳床、滑板等也涉及此物理知识点。撑竿跳运动员将水平助跑的动能，通过撑杆转化为杆的弹性势能，最后杆的弹性势能转化为运动员的重力势能，把运动员送到高点；滑板从高处下滑，将重力势能转化为动能，滑板和地面之间有摩擦，因此不提供外力时，运动员所能到达的高度将会越来越低。

基于以上特点，无论是物理课还是体育课，二者知识的交叉渗透体现在方方面面，若教师能够有意识地植入更专业的术语或物理规律进行解释，必然能给学生带来更深刻的印象。

课前课后，我们还可以引导学生思考更多相关问题，比如：

（1）同样是丢实心球，力量身形相仿，为何成绩有分别？

（2）同样是篮球投篮，为何大部分球员使用走篮得分？

（3）为什么不是每个国家海边都能举办风帆比赛？

（4）怎样可以使踢足球时更有力？

（5）为什么单车选手冲线喜欢高举双手？

积极而频繁地思考，可以让学生更好地将物理知识联系并应用于生活实际。

（二）物理知识优化体育竞技

1. 篮球规则

2008年4月国际篮联在北京举行新闻发布会，公布了国际篮联中央局会议做出的将现有篮球规则进行改革的最终决定，这些新规则对全世界篮球运动发展产生了重大影响。该修改主要涉及五个方面：

（1）将三分线从原来的6.25米延长到6.75米。

（2）将梯形限制区（三秒区）改成长方形。

（3）将第四节前场球掷球入界的地点做一定修改。

（4）像NBA赛场一样，以篮筐为圆心划定半径约1.2米的进攻有利区，在此区域内只有阻挡犯规而无带球撞人。

（5）球衣内不得穿T恤。

规则修改前，三分球的区域长6.25米，由于难度系数较低，运动员的打法单调，往往依赖三分球投射，放弃篮底下的争夺，在篮底下战术的运用更无从说起。为了迎合观众，增加篮球运动的竞技性和观赏性，篮球运动需做出一些改变来增强比赛的对抗程度，把原有的6.25米延伸到6.75米，增加8%的射程。

我们知道，篮球在空中的运动轨迹是一个典型的斜抛曲线，水平方向的射程和竖直方向的射高的规定反过来影响甚至决定了篮球的出射速度和出射角度，如此便加大了投三分球的难度。三分球难度的加大，迫使运动员回归到篮底下的争夺。

2. 乒乓球规则

乒乓球作为中国的国球，在世界舞台上一直占据着重要的地位。在中国乒乓球的绝对实力下，中国运动健儿包揽奥运会乒乓球比赛冠、亚、季军也不是什么新奇事。中国乒乓球一家独大，导致乒乓球在世界舞台上走不了太远。

要生存，要未来，乒乓球规则就必须得改变。如同"养狼计划"般降低各国乒乓球水平差异的规则应运而生。中国的传统打法是快攻，欧洲的传统打法是弧圈，于是2000年小球改大球，球体从38毫米变成40毫米。球体变大，乒乓球在运行的过程中所受的风阻就变大，球速变慢，旋转变慢，有利于运动员拉大动作发力，对弧圈打法更有利。

3. 田径规则

田径运动的胜负往往取决于分毫之间，运动员是听见起跑线上发令员的枪响就开始起跑的，而在终点线上计时的裁判员则是通过起跑线上发令员的枪冒出烟开始计时的。枪响的时候，发令员距离运动员近，声音传到运动员耳朵里的时间可以忽略不计，但如果裁判员听到声音才开始计时，以一千米长跑为例，时间已相差3秒了。初中的学生学完光学和声学后都能以"声音的传播速度比光线慢"提供合理的解释，这便是起跑计时的时候，看烟而非听声的原因。正是有了这一标准，早期的田径计时才公平公正。

我们应鼓励学生在体育运动过程中理解和学习物理知识，并在体育训练中检验物理规律。教师则应基于体育情境优化物理课堂导入、基于发展认知和体育兴趣优化物理教授新课的过程、基于体育训练和竞技优化物理教学实践，从而促进学生的深刻认识和深度学习，在提高学生物理成绩的同时，帮助学生以更科学的方式进行体育运动，达到增强体质、提高思维能力的教育目的。

学科交叉渗透教学策略可应用于任何学科，如物理与化学、物理与道法、物理与历史、物理与美术等，本章仅通过物理与语文、数学、音乐、体育四个学科的探讨，期望达到"举一反三""触类旁通"的迁移效果。根据新课标提出的跨学科实践教学要求，物理教师更应加大物理与日常生活、工程实践和社会发展的融合教学力度，提高学生的知识运用能力、实践能力。

教学过程优化课堂实录评述

第四章

　　课堂实录是指围绕课堂教学实际展开的主要场景记录，一般采用视频或文本方式进行。课堂实录为实现优质教学资源的储备与共享，为教师反思改进自己的教学提供了直观的资料。本章以五个典型的课堂实录作为研究素材，从教学过程优化策略的视角对每节课的重要教学环节进行评述，提出相应的优化建议。本章所选定的课堂实录均来自国家教育资源公共服务平台"一师一优课，一课一名师"的部级"优课"。

课例一　杠　杆

上课教师：石家庄第二外国语学校　单启花
评述教师：珠海市斗门区珠峰实验学校　周美淑

一、课题分析

杠杆是初中物理力学的一个重要组成部分，杠杆的力臂画图和杠杆平衡条件是本节课的重难点，要突破这两个重难点，就必须正确认识力臂概念。

在实际教学中，对于杠杆的"动力、阻力、支点、动力臂和阻力臂"五要素，教师往往会忽略力臂概念的建立过程，直接给出力臂概念。分析有以下原因：第一，各个版本的物理教材上都是直接给出力臂概念，较多教师也根据教材直接给出概念，导致学生知道什么是力臂，但是不知道为什么要引入力臂概念；第二，现阶段课本展示的杠杆实验器材和实验室的实验器材都有局限性，只能探究直杠杆在水平位置上的平衡条件，学生通过读出杠杆上的刻度来读出力臂大小，但这会误导学生对力臂概念的理解，认为力臂是支点到力作用点的距离，力臂始终在杠杆上。

二、教学策略

单老师在这一节杠杆概念课中，采用教师层层引导，学生自主探究模式。教师的指导作用体现在以下方面：

（1）在提出杠杆动力、阻力和支点三要素后，用教具演示杠杆在水平位置静止平衡的情况，并提出：作用在杠杆上的力，什么因素影响杠杆的平衡？让学生讨论并设计实验探究方案。通过引导，学生能从力的大小、方向和作用点三要素思考，并制定相对应的实验探究方案，为接下来建立力臂概念奠定基础。

（2）当学生得出杠杆平衡和力的大小、力的方向和力的作用点有关时，教师引导学生观察同时改变力的方向和作用点，但动力大小不变时的实验现象，引导学生思考这个过程中真正不变的是什么。学生通过讨论得出真正不变的是支点到力的作用线的距离，从而顺理成章引出力臂概念。

三、教学过程

在对此类课题的教学过程设计中，教师不可机械式灌输地给出概念，否则学生无法真正理解，对知识的建构没有帮助；也不可为了探究而假探究，没有做好教学过程设计的探究，即使探究效果也不佳。

根据已有的知识经验，学生不能马上得出力臂概念，因此需要引导学生发现问题，解决问题，发现矛盾冲突，再解决问题，层层递进，一步一步探究得出力臂概念。

（一）从学生的认知水平出发，学习必备的知识基础

在本节课中，单老师先通过一个活动让学生阅读杠杆概念，再提供镊子、钳子、螺丝刀、剪刀等生活工具给学生实践，判断哪些是杠杆，为什么是杠杆。这一流程让学生真正理解杠杆概念，得出杠杆的动力、阻力和支点概念，这些知识为力臂概念的获得打下基础。

（二）提出问题，学生思考、讨论并解决问题

在学习基础知识后，老师演示杠杆在水平位置静止平衡的情况，并提出：作用在杠杆上的力，什么因素影响杠杆的平衡？让学生讨论并设计实验探究方案。学生讨论思考并制定相对应的方案：①改变钩码的个数，动力的方向、作用点都相同，力的大小不同；②钩码个数不变，力的作用点相同，改变力的方向，力的大小不同；③钩码个数不变，力的方向相同，改变力的作用点，力的大小不同。通过三个实验学生得出结论：杠杆平衡与力的大小、力的方向和力

的作用点有关。

（三）引导观察，发现矛盾，重新思考，得出概念

当学生以为得出了杠杆平衡影响因素时，老师引导学生观察实验现象：同时改变力的方向和作用点，但动力大小却不变。这和学生已有认知互相矛盾，引起学生思考。在这个环节中，单老师将学生实验和演示实验具体为图像进行对比（图2-3-4、图2-3-6和图2-3-7），引导学生思考在图2-3-7中真正不变的是什么，学生讨论总结得出：是支点到力作用线的距离，即力臂。

真正的教学过程设计正是如此，找到学生的最近发展区，引导学生跨上一个又一个的阶梯，最终让学生成功到达目的地。

四、优化建议

好的教学设计必须要有实用有效的教具做辅助，本节课没有选用实验室常规杠杆，而是选择钻孔的长木棍，将长木棍固定在铁架台上（如图4-1-1）。一方面长木棍更大，实验操作可视性更好，另一方面长的动力臂也让"隔空吊钩"得以实现。

图4-1-1

此外，将画了圆形的硬卡纸固定在木棍和铁架台间，保持钩码数不变，改变动力的作用点和方向，但让其沿圆形切线，发现动力大小相同（如图4-1-2）。学生知道圆的半径大小相等，便能发现这个过程真正不变的是支点到力作用线的距离，得出力臂概念，突破教学难点。

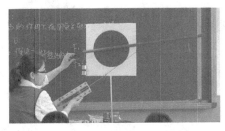

图4-1-2

但笔者认为,本实验的教具仍可改进:多画上几个半径不同的圆,标上数据并增加不同形状的杠杆(如图4-1-3),便可探究以下问题:①不同半径下,钩码数不变,改变动力的作用点和方向,沿圆形切线拉动弹簧测力计,动力大小相同,增加普遍性;②定量探究非水平位置下杠杆平衡条件;③探究不同形状的杠杆的平衡条件。若能对这几方面进行探究,学生对杠杆力臂概念的理解将会更加透彻。

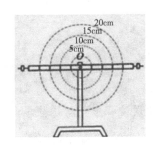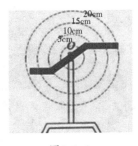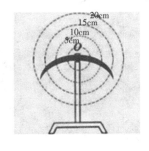

图4-1-3

概念教学是初中物理教学的重要组成部分,如何让学生真正理解概念,归根到底还是要从根源出发,即为什么引入这个概念。通过学生动手实验探究来经历概念获得的过程是一种不错的方式。本文提出的通过实验探究来获得概念的步骤并不唯一,应该具体情况具体分析。

附:《杠杆》教学设计

【教学目标】

1.能够识别杠杆,并能准确找出支点、动力、阻力。

2. 理解力臂的概念，掌握用作图的方法寻找动力臂和阻力臂。

3. 知道杠杆的平衡条件，并能利用杠杆的平衡条件进行相关的计算。

【教学重难点】

教学重点：

（1）识别杠杆，准确找出支点、动力、阻力。

（2）知道杠杆的平衡条件，并进行计算。

教学难点：类比概念的理解。

【教学过程】

活动1：导入新课

演示实验：魔术"隔空吊钩码"。

这是怎么回事呢？（头发丝）实际上真正起作用的是本节课的主角——杠杆。

活动2：

阅读课本P76，了解什么是杠杆，根据杠杆的概念判断组内所给工具是否是杠杆。如果是，请你说明理由。

学生活动：

自主完成：学生阅读课本自学什么是杠杆。

小组合作：

（1）尝试使用组内所给的工具，并依据定义在使用过程中判断这些工具是否是杠杆。

（2）交流判断结果。

交流展示：

生1：使用羊角锤起钉子时，在手拉力的作用下，绕着与桌子接触的点转动，所以羊角锤是杠杆。（阻力是哪个力？）钉子对羊角锤的压力为阻力。

生2：用镊子夹东西时，在手对它的压力作用下，绕着后面的点转动，手对它的压力是动力，物体对它的阻力是杠杆受的阻力，所以说是杠杆，（几个杠杆？）两个。

生3：生活中的例子，用撬棒撬大石头时，在撬棒下方放小石块，人向下压时，撬棒会绕着与小石块接触的点转动，人对它的压力为动力，大石块的重力为阻力。所以是杠杆。

活动3：利用生活实际或实验说明，杠杆的平衡受什么因素影响？

小组合作：小组交流，利用生活实例或实验，说明杠杆平衡的影响因素。

交流展示：

（1）玩跷跷板时，两个重力相当的人可以使杠杆水平平衡，而一个重的人和一个轻的人则会使跷跷板向一个方向倾斜，说明杠杆的平衡与力的大小有关。

（2）玩跷跷板时，通常是重的这边低，但要是重力大的人向支点靠近，力的作用点离支点近时，也可以使杠杆平衡，说明杠杆的平衡与力的作用点有关。

（3）实验探究：①秤杆左边挂物体，右端挂弹簧测力计，测出当杠杆平衡时力的大小，改变力的大小，杠杆不平衡，说明杠杆的平衡与力的大小有关。②保持方向向下，力的作用点远离支点，力变小才能使杠杆再次平衡，说明杠杆的平衡与力的作用点有关。③固定力的作用点，改变施加力的方向（保持杠杆平衡），发现力的大小改变，说明杠杆的平衡与力的方向有关。

归纳总结：影响杠杆平衡的因素：力的大小、方向和作用点。

活动4：演示实验

固定阻力和阻力所在位置，右端用弹簧测力计施加拉力，使拉力的方向始终与圆相切（圆心在支点），三次实验发现力的大小相同。

分析问题：力的方向和作用点都在改变，但是杠杆平衡时，力的大小却相同，那么影响杠杆平衡的因素是什么？

交流展示：

生：图2-3-4，改变作用点，力离支点远了，杠杆再次平衡时，力变小了。图2-3-6，作用点不变，改变力的方向，由竖直位置向左偏时，力离支点近了，再次平衡时力变大了。图2-3-4和图2-3-6，力的作用点或方向改变了，杠杆平衡时，力的大小就会改变，实际上是因为支点到力的作用线的距离变了。图2-3-7，力的方向和作用点都改变了，但是当力的方向总是与以支点为圆心的圆相切时，支点到力的作用线的距离不变，则力的大小不变。

归纳总结：

（1）影响杠杆平衡的因素除了力的大小外，还有力的方向和作用点，即支点到力的作用线的距离。

力臂：支点到力的作用线的距离。

动力臂：支点到动力的作用线的距离，L_1。

阻力臂：支点到阻力的作用线的距离，L_2。

（2）力臂的画法

① 确定支点、动力和阻力。

② 虚线画出动力、阻力的作用线。

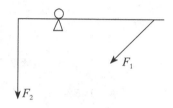

图4-1-4

③ 做出支点到力的作用线的距离，即为力臂（一找点、二画线、三作垂线段）。

巩固练习：

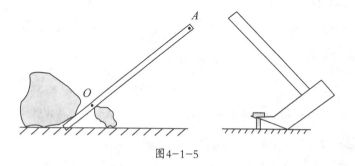

图4-1-5

学生展示作图方法。

活动5：探究杠杆的平衡条件

小组合作（实验步骤）：

（1）调节平衡螺母，使杠杆在不挂钩码时，保持水平静止，达到平衡状态。

（2）给杠杆两端挂上不同数量的钩码，移动钩码的位置，使杠杆再次在水平位置平衡。

（3）量出杠杆平衡时的动力臂L_1和阻力臂L_2；把F_1、F_2、L_1、L_2的数值填入表4-1-1中。

（4）改变力和力臂的数值，再做两次实验。

（5）分析数据的规律。

表4-1-1

实验次数	动力F_1/N	动力臂L_1/m	阻力F_2/N	阻力臂L_2/m
1				
2				
3				

数据整理：

分析数据并得出结论：杠杆的平衡条件是_____。

学生展示数据并分析：

思考：实验中，为什么要让杠杆在水平位置平衡？

便于测量力臂的大小。

总结杠杆的平衡条件：动力×动力臂＝阻力×阻力臂，$F_1L_1=F_2L_2$。

【板书设计】

第一节　杠杆

一、杠杆：能绕固定点转动的硬棒

二、杠杆的五要素

支点：绕着转动的固定点，O

动力：促使杠杆转动的力，F_1

阻力：阻碍杠杆转动的力，F_2

动力臂：支点到动力的作用线的距离，L_1

阻力臂：支点到阻力的作用线的距离，L_2

三、杠杆的平衡条件

动力×动力臂=阻力×阻力臂

课例二　功　率

上课教师：珠海市红旗中学　冯婷婷

评述教师：珠海市梅华中学　罗钊颖

一、课题分析

功率是八年级下册力学的重要内容，是学生理解做功快慢的重要物理概念。功率的定义与速度相似，都是利用物理量与时间的比值来表示快慢，因此都体现了比值定义法的思想。有了对速度概念的学习基础，学生对功率的定义和公式较容易接受和理解。然而由于学生缺乏生活经验和对生活的观察，对功率的物理意义和在生活中的实际应用是较难理解的。因此对于功率一节，如何让学生理解功率的物理意义及其在生活中的运用是教学的难点。

二、教学策略

本节课主要采用了情境化策略、支架式策略和活动化策略开展教学活动。

任课老师通过视频和学生演示的方式创设真实生活情境：上楼梯和举哑铃，利用常见的生活情境引出"功率"概念和测量功率。在引出概念和实验探究环节，教师利用环环相扣的问答，给足学生分析和探究的"脚手架"，为学生理解"功率"概念提供了丰富的知识准备和理论分析。在测量功率的部分，让学生上台演示的课堂活动安排，有效地将本来枯燥、抽象的物理概念，变得生动有趣。

三、教学过程

（一）核心素养引领教学目标

本节课细化了核心素养的教学目标，加强了科学态度和责任这一维度的设计，体现课程育人的教学理念。本节课充分利用微课、平板电脑等信息技术，丰富了课堂教学方式，如通过开展"估测举哑铃的功率"活动引导学生自主探究；在得出功率的概念之后，介绍瓦特的伟大事迹，深化了学生对功率的单位瓦特的理解，同时在学生心中种下一颗科研的种子。以科学家的名字命名物理量的单位，一方面是为了纪念该科学家对该科学领域做出的杰出贡献；另一方面，也希望通过纪念科学家事迹来激励后代，要向优秀的前辈学习，刻苦奋斗，做一个对社会有价值的人。立德树人，也是在日常的点滴教学中渗透的。

（二）信息技术创设情境促进思维发展创建交互学习平台

物理概念的建立需要创设经验情境。在学习"功率"这一概念以前，学生具有一定的生活经验，这是学习"功率"概念的基础。在情境引入环节，教师播放"三位学生爬楼梯的情况"微课，唤起学生的生活经验，从而引出两个重要问题："谁做功最多？谁做功最快？" 由情境而引出问题，过渡自然且有效。学生对现代信息技术展现的物理情境产生学习兴趣，不断提高发现问题、分析问题和解决问题的能力。

课堂实施的过程中，教师不仅利用微课创设物理情境，还运用多媒体以及平板电脑来丰富课堂师生交互的方式。

录像课中，教师在PPT中呈现计算思路，给学生正确的示范和相应的思维引导；教师利用平板发布习题；学生利用平板完成习题；屏幕上呈现学生完成的总体情况，教师能针对学生的回答及时给予评价；学生得到激励，为后续抢答环节提供信心。通过这些场景我们可以发现信息技术在实现师生有效交互中扮演着不可或缺的角色。

信息技术在实现师生之间多元化的互动之余，更重要的是，关注到对学习过程和学生个体的形成性评价。信息技术将学生的学习情况及时反馈给教师，教师基于学生情况，给出适当的评价，这样能帮助学生了解自己的学习情况，增强信心和对问题参与的积极性。

（三）学生活动深化概念理解与运用

功率一节的内容较为枯燥，而本堂课的设计十分巧妙。通过课堂实录能明显看出，让学生估测举哑铃的实际功率，这一活动能够有效地调动学生的兴趣，活跃课堂氛围。一个课堂能否高效互动离不开教师的引导和教学方式的合理选择。本节课充分利用信息技术和教学活动，丰富课堂形式，活跃课堂氛围，为学生能够真正地沉浸于课堂中打下重要基础，与此同时还使学生充分理解功率的概念，丰富物理实验操作的技能，懂得思考和探究实验时需要测量哪些物理量，并利用哪些工具进行测量。该课堂能够有效培养学生实验探究的能力和思维，有助于培养学生的科学探究精神。

估测举哑铃的平均功率的活动，不仅能够锻炼学生实验探究的能力，还体现了"从生活走向物理，从物理走向社会"的教学理念。将原本较为枯燥的物理概念与生活中显而易见的实例结合在一起，学生对知识的理解就不会停留在文字和公式，而是与生活实践紧密联系在一起。

四、优化建议

（一）增加学生自主学习的空间

本节课在引导学生比较三位学生做功快慢时，教师采用自己给出一种方法，学生说出另一种方法的方式。实际上这种比较快慢的方法学生在学习速度概念时就已经学过，也知道物体运动快慢的比较方法。学生是有能力回答的，教师应当信任学生，给予学生机会，而不是用引导来代替学生的自主思考。比如，在"估测举哑铃功率"活动中，教师让学生思考应当怎么开展实验探究时，提示他们开展同伴互助学习，利用学生现有的平板电脑，将小组讨论之后的测量方案呈现在电脑屏幕中，如此可让小组派学生代表展示小组的方案，既锻炼学生的自主学习能力，还培养了学生交流合作的能力，实现核心素养的提升。

（二）加深对"功率"物理意义的挖掘

在概念学习环节，教师在讲解了功率的概念和单位之后，补充一个铭牌从而引出千瓦的单位。但是实际上学生还是不能理解这个单位在我们的生产生活中有什么实际的意义。因此教师可以在学生实际测量举哑铃的功率之后，说明物体做功多少往往没有太大的意义，做功的快慢才更有价值，并列举生活中常见的运动或者场景中物体的功率大小，将功率和生活紧密结合起来。

（三）课堂时间安排再优化

录像课中，在计算三位学生爬楼梯的功率时，教师提供的数据是较为真实的不方便计算的数据。而此处的计算侧重对功率计算公式的理解而不是计算能力，因此可以改用方便计算的数据，从而缩短该环节的时间，为后续其他环节让位。更何况在后续的估测举哑铃的功率活动中，也有相对真实的数据让学生体验实际的功率计算。

附：《功率》教学设计

【教学目标】

1.知道功率的概念，了解功率的物理意义；

2.知道计算功率的公式及功率的单位；会用功率的公式进行简单的计算；

3.用生活中的实例说明功率的含义。

【教学重难点】

教学重点：理解功率的概念和利用公式进行计算。

教学难点：对功率意义的了解和在实际生活中的应用。

【教学资源】

多媒体课件、平板电脑、电子秤、卷尺、秒表、哑铃。

【教学过程】

1.复习检查

教师活动：检查学生导学案完成情况。

学生活动：学生课前完成导学案复习内容，依次回答问题。

设计意图：巩固知识，并为本节课的学习打下基础。

2. 情境引入

教师活动：播放微课视频《比较爬楼梯做功的快慢》，提出问题：三位同学爬楼梯的过程中，谁做功最多？谁做功最快？

学生活动：观看视频，尝试回答。

设计意图：从生活情境引入，增强生活与物理的联系。

教师活动：引导提问，如何比较同学们做的功？

学生活动：根据做功的公式 $W=FS$ 计算，需要计算同学的重力，爬楼梯的高度。

教师活动：组织学生计算比较同学们爬楼梯做功的多少。

学生活动：回答计算情况，比较得出：C同学做功最多。

设计意图：通过生活情境，加强对做功的理解和计算。

3. 联想建构：功率概念学习

教师活动：提出问题——谁做功最快？如何比较同学做功的快慢？引导学生思考两种方案的方法。

学生活动：思考回答，做功相同，比较时间。$W_A=W_B$ 时，用时间短的则做功快；时间相同，比较做功。$t_B=t_C$ 时，做功多的则做功快。

教师活动：两种方案都运用到控制变量的实验方法。两个变量因素都不同时，如何比较？做功和时间都不同，如何比较做功的快慢。

学生活动：都比较1s内做的功。

设计意图：循序渐进，从科学方法角度对学生进行思维训练，使学生对类比法和比值定义法有更深刻的认识，为今后研究类似问题提供方法上的帮助。

教师活动：讲述功率的定义，功与做功所用时间的比值叫作功率，功率在数值上等于单位时间内做的功。功率表示物体做功的快慢。介绍瓦特的事迹，为了纪念英国的物理学家瓦特而用他的名字命名功率的单位。

学生活动：学习、识记、回应，了解功率的概念、意义和功率的单位及其换算。

设计意图：通过对物理概念的构建，培养学生知识迁移和思维能力。通过瓦特事迹的介绍，对学生进行爱科学的教育。

4. 变式加工：计算比较功率的大小

教师活动：布置学生分别计算三位同学爬楼梯的功率，比较谁的功率最大。巡视学生计算情况，个别指导。

学生活动：计算功率的大小，回答计算情况。比较得出C同学做功最多，但是A同学做功最快，功率最大。

教师活动：引导学生比较做功多少与做功快慢的不同。

学生活动：意识到做功最多的不一定做功最快，功率最大。做功少时，也可能做功快，功率大。

设计意图：学会功率的计算，通过计算，理解做功多少与做功快慢的不同。

5. 应用迁移：估测同学举哑铃的平均功率

教师活动：引导学生从实验原理、实验仪器、实验方法各方面进行设计，小组讨论得出估测同学举哑铃的平均功率的实验方案。

学生活动：小组讨论回答并完善实验方案。学生代表根据实验方案进行测量活动。

设计意图：通过估测同学举哑铃的平均功率的活动，让学生在学习物理知识的同时激发学习的兴趣和求知欲，体会物理的实用性，在解决问题的探究过程中获得成功的喜悦。

6. 评价反馈：利用平板答题，实时反馈

教师活动：组织学生利用平板电脑完成习题，分为全班作答和抢答，实时统计和了解完成情况。

学生活动：作答、抢答。

设计意图：平板实时反馈完成情况，提高学生学习的积极性。

教师活动：组织学生一起回顾今天学习的知识。

学生活动：思考、作答。

设计意图：巩固新知。

【板书设计】

11.2　功率

一、定义：功率 $=\dfrac{功}{时间}$（表示物体做功的快慢）

二、公式：$P=\dfrac{W}{t}$

三、单位：1 W=1 J/s

　　　　　1 kW=10^3 W

四、应用：

原理：

$$P=\dfrac{W}{t}=\dfrac{Gh}{t}=\dfrac{mgh}{t}$$

课例三　电流和电路

上课教师：包头市一机二中　郭伟红

评述教师：珠海市斗门区城东中学　周恒辉

一、课题分析

教学目标分析：郭老师从新课标的理念出发，采取了层层推进、逐渐深入的教学模式，在组织教学中，精心设计由浅入深的情境，给学生创设了一个开放的、动态的课堂，充分让学生开展合作学习和自主学习，在轻松平等的氛围里，学生小试牛刀。整节课教师特别注重创设情境，从贴近学生生活的美丽的夜景图片到小灯泡亮起来，再到LED灯亮起来，还有短路视频等无一不体现了教师从生活走向物理，从物理走向社会的课程理念。

教学内容分析：教师为了体现新课标的理念，通过创设问题情境，让学生经历实验操作。课堂留有足够的时间让学生合作学习、自主学习；同时通过多媒体技术形象地展现电流的形成过程，从而突破难点。教师还通过实验现象讲解了电路的各种状态，以饱满的激情教学。一方面，教师按新课标的要求和方向指导教学活动，培养学生观察能力和初步的分析概括能力；另一方面，从整个教学过程来看，这是一个从感性认识到理性认识的过程，整个过程注重引导和规范化的训练。

二、教学策略

在教学中，教师重视过程与体验，能根据学习内容及学生情况，选择恰当的教学方法，如先让学生观察灯泡亮起来，再引导学生思考学生思考灯泡为什么亮，最后才引出电流的形成。教师注重知识的发生过程，让学生弄明白知识的来龙去脉，从具体到抽象，富有启发性。教师的课堂结构分明，层次清晰，环节紧凑，有效地引导了学生进行实验探究。课堂教学上，教与学的双边互动非常明显，教师有效引导，学生积极、主动参与，敢于发表自己的见解。

三、教学过程

郭老师的整体教学技能非常老道，亲和力非常强，始终面带微笑并亲切地关注着所有学生，用欣赏的眼光表扬激励学生，语言清晰有条理，运用多媒体的手段也非常娴熟，板书也非常简洁。

郭老师教学环节的设计很用心。创设悬念、动手操作等环节，都能达到激发学生兴趣和求知欲、启发学生思维和进一步思考的效果。从整个过程来看，学生从实践到体验到感悟，是从具体认识到理性认识的过程，就像拆"多层宝箱"一样，一层一层地打开，每一层都充满着期待和好奇。学生学习热情饱满，思维活跃，在课堂探究实验的过程当中，能自主提出问题，发表自己的看法。课堂体现了以人为本、科学民主的师生关系，课堂教学效率高。

教学过程中的亮点如下：

（1）课题引入采用美丽的夜景，一下子抓住了学生的眼球，充分激发了学生的兴趣和求知欲。

（2）采用水流和水路对比电流和电路，精心设计疑问，激发学生的求知欲。

（3）在电流的形成教学环节设计了一个创新实验——用动画模拟金属导体和水溶液的电荷定向移动，让学生更形象直观地感知物理，知识化难为易，效果不错。

（4）教师关注学生、关注过程评价、关注课堂的生成，特别是对学生，不管是认知反馈也好，情感反馈也好，都做得比较到位。比如说学生回答问题后，教师以赞扬的目光去看他，是一种人性化的交流。

（5）关于电流方向问题，教师用多个二极管的演示才得出电流是有方向的，避免偶然性，更具科学性。之后，在让灯泡亮起来实验的基础上进一步分四个小组进行学生实验：第一小组还是小灯泡，第二小组给小风扇，第三小组给二极管，第四小组给电铃，让学生尝试给自己小组的用电器通电并调换电源正负极。然后，各小组观察用电器的现象，小组长发言描述现象。最后教师归纳：电流方向改变了用电器的工作效果，因此电流是有方向的。再给出动画，正负电荷都在移动，提出问题：怎样规定电流方向？这就自然过渡到电流方向的规定的必要性上，实在高明。这样做既可以培养学生的思维习惯、收集处理信息的能力，也可以培养学生的动手能力，这是这节课的最大亮点。

四、优化建议

改进一：

原课：用美丽的夜景图片引入。

优化：LED灯魔术表演引入。手中拿LED灯，只要老师在衣服上摩擦一下，灯就亮起，大家信吗？

图4-3-1

优化理由：夜景图片引入只是视觉上的感知，用LED灯魔术表演更能引起学生的好奇心，吸睛率更高，亮点更闪亮。

改进二：

动画改进（如图4-3-2）。

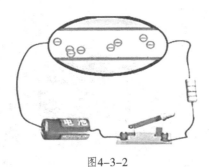

图4-3-2

优化理由：把电阻改为灯泡，直观显示电路中有没有电流通过，一目了然，便于学生思考。

改进三：

动画改进（如图4-3-3）。

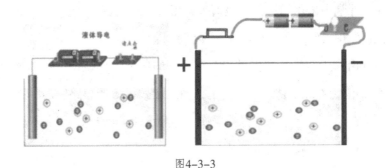

图4-3-3

优化理由：在溶液导电演示当中，动画只让正负电荷移动了一次就停下来，实际上只要在电路通电的情况下电荷应该不断地移动。另外，这个电路只有电源的溶液，是否有电流通过，学生无法看到，可以给电路中加装灯泡，显示电路中是否有电流通过，这样收到的效果更加直观。

改进四：

原课：动画（如图4-3-4）演示水的定向移动形成水流，类比电荷的定向移动形成电流。

动画改进（如图4-3-5）：动画演示人或车的定向移动形成人流或车流，类比电荷的定向移动形成电流。

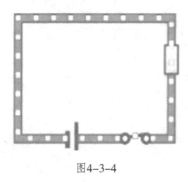

图4-3-4　　　　　　　　　　　　图4-3-5

优化理由：电流是电荷的定向移动形成的，用水流类比电流比较抽象，可以把人和车比喻成电荷，把人和车朝同一方向运动形成人流和车流类比电流，这样更容易帮助学生理解电流的形成原因。

改进五：

原课：课堂中采用网络新闻报道来介绍短路的危害。

优化：利用自制的示教板演示短路实验。

优化理由：用网络新闻报道来介绍短路的危害，只能让学生知道短路的结果，但不知道短路的形成原因。利用自制的示教板演示短路实验，无论是在视觉上，还是在内心中，学生都深受震撼，印象会十分深刻。

附：《电流和电路》教学设计

【教学目标】

1. 通过实验体会电路的组成及从能量的角度认识电路各部分的作用。

2. 通过阅读教材知道常用的电路元件符号，能画简单的电路图。

3. 通过动手实验能够识别通路、断路和短路；并通过观看视频知道短路的危害。

4. 通过电路的识别与连接树立学生安全操作的意识。

【学情分析】

学生对电并不陌生，但是初学时对于电路和电流比较模糊，因此教学过程中应注意示范作用，为以后学生学习电学知识奠定良好的基础。

【教学重难点】

教学重点：

（1）电流的形成和方向。

（2）电路的基本组成，画电路图。

（3）区分电路的三个状态。

教学难点：电流概念的理解，识别电源短路。

【教学过程】

课时：第一学时。

教学活动

活动1：（导入）

首先我们来欣赏一组图片（夜景）。同学们知道这么漂亮的灯光夜景是怎么实现的吗？实际上它们都是由各种各样的灯泡组成的，通过我们今天的学习相信你一定可以知道！

活动2：学生实验

学生实验1：以小组为单位，尝试利用桌上的器材使小灯泡发光，看哪组做得最快。

学生实验2：连接电动机，使其工作。

活动3：（讲授）新授内容

（板书：一、电流形成）

播放视频：正如水的定向移动形成水流，电荷的定向移动形成电流。（多媒体）

演示：不接电源闭合开关，灯泡不亮，说明电源推动了电荷的定向移动。也就是说，获得持续电流要满足什么条件呢？

演示：更改电源方向，灯泡发光情况无变化。更改电源方向，电动机转动方向发生改变。

两个实验说明什么呢？

活动4：演示实验

发光二极管发光。

活动5：学生实验3

学生实验3：连接电路使发光二极管发光。

活动6：（讲授）电路组成及状态

教师：通过三次连接电路，同学们认为一个完整的电路由哪些共同的器件组成？（小组讨论后师生共同总结得出结论）（多媒体）

（板书：二、电路的组成及各部分的作用）

电源：提供电的装置。你能举出日常生活中的一些电源吗？如：手机电池、蓄电池（电动车）、发电机等。

用电器：用电的装置（消耗电能）。在这个教室里你认为有哪些是用电器？如：灯泡、电脑、投影仪、手机等。

导线：输送电能的装置。

开关：控制用电器工作。

刚才在实验过程中，有的同学电路正确连接了用电器却不工作，为什么呢？实际上这就是我们常说的电路故障。

（板书：三、电路的状态）

通路：处处连通的电路。有电流，用电器可以工作。（闭合电路）

断路：某处断开的电路。无电流，用电器不能工作。（正常断路为开关断开）（示范）

短路：又叫电源短路，是用导线把电源的两极直接连在一起。危害大，容易损坏电源，甚至造成火灾。

播放视频：短路危害报道。

教师：今天我们连接了3个电路，你能不能用作图的方法把它们画下来？（展示学生的作图）为了研究方便，物理学中用统一的元件符号来表示电路连接的图，称电路图。（板书）

（1）介绍常用电路元件的符号。

（2）请同学们在学案上画出刚才所连电路的电路图。

教师引导：电路图呈方块形，符号大小要适中，导线连接要到位，除开关外不留断口；电路图与实物图要吻合。

课堂小结：组内讨论这节课有什么收获，请同学回答。

活动7：（练习）画电路图

请同学们在学案上画出刚才所连接电路的电路图。

活动8：（测试）练习

（1）请分析电路图，指出连错的导线，并改正。

（2）请根据电铃的电路图，用画笔代替导线，连接相应的电路。

活动9：（作业）课后作业

动手动脑学物理。

【板书设计】

电流和电路

形成：电荷定向移动

一、电流　方向：正电荷定向移动的方向

二、电路

三、电路图

四、电路状态：通路

断路

短路

课例四　运动的相对性

上课教师：无锡市刘潭实验学校　张世成
评述教师：珠海市斗门区珠峰实验学校　黄钜潮

一、课题分析

"运动的相对性"指"对于同一个物体，由于选取的参照物不同，我们可以说它是运动的，也可以说它是静止的"，这是机械运动的一种性质。由此可见，一个物体是运动还是静止，取决于所选的参照物。参照物不同，得出的结论不尽相同。由于该知识点较抽象，因此需要与直观现象结合分析，这是该章节的一个难点。

二、教学策略

（一）创设游戏环节，寓教于乐

作为以实验为基础的自然学科，物理最好的教学方法就是让学生在体验中应用。创设游戏环节，在使学生获得游戏体验的同时，还可以达到三个效果：一是激发学生的兴趣；二是通过游戏让学生感悟物理规律；三是通过游戏现象支撑物理概念。

（二）巧用生活素材，构建教学情境

物理来源于生活，建立在生活情境中的知识点更具生命力。教育部下发的义务教育物理课程标准提出，教学应当"从生活走向物理，从物理走向生

活"，这就要求教育工作者在教学中注重物理与生活的联系，在物理教学中充分结合学生的生活经验，课堂活动充分考虑学生的认知范畴，实验器材选取尽量贴近生活，在教学各个环节的设计中有意识地选择贴近学生生活、符合学生认知特点的教学素材，通过学生熟悉的生活情境导入新知识的讲授，引导学生利用物理知识解决生活中的问题。

（三）深挖情境资源，搭建思维梯度

情境是知识的一种载体，被教师广泛应用于教学过程中。但是绝大部分的情境只服务于个别知识点的讲授，如昙花一现。深挖情境资源则有所不同，教师精心设计能够贯穿整节课的情境，经过第一轮分析后对知识点进一步剖析，帮助学生建立思维梯度。学生在教师引导下能够把一个知识点挖掘得很透彻，对于知识点的理解更加深入且不易遗忘。

三、教学过程

（一）创设游戏，激发兴趣

创设"运乒乓球"的游戏活动，邀请两位学生参与比赛。寓教育教学内容于游戏之中，是提高教学效率的一种方式。与一般的游戏不同，是结合教学目标的产物，将"改造"过的游戏运用于教学过程中，其本质也是服务于教学。游戏活动的设立，对物理课堂教学有特殊的奇效，可以活跃课堂气氛，在提高学生学习兴趣的同时能减轻学生学习陌生的理论、概念时伴随着的心理压力，使学生更好地接受新知和融入课堂。

（二）创设情境，引起思考

教师展示一张火车中的照片，照片中小华和小明都通过窗外的景色判断火车的运动情况，小华认为火车运动，而小明认为火车静止，让学生表决支持谁的观点。绝大多数同学会支持小明的观点，学生对于运动和静止的判断来自自己的生活经验，可轻易接受以地面作为参照物的设定，但难以接受以另一列火车作为参照物辅助判断。教师可以有目的地引入或创设具有一定情绪色彩的、以具体事物为主体的场景，学生置身于情境当中，引起情感态度

体验和价值判断，从而帮助学生理解知识。这样做也可以充分暴露学生的前概念导致的误区，教师可以有针对性地提炼和加工，为后续的教学提供决策依据。

（三）创设活动，制造冲突

教师直接给出机械运动的定义后，让全班同学一半人睁眼，一半人闭眼，请一个同学上讲台移动一段距离后，又回到原来的位置，睁眼的学生亲眼见证了这位同学的运动过程，而闭眼的学生却认为这位同学没有运动，由此，产生矛盾。此时教师在所有人睁眼的情况下，重现刚才的情形。

这位同学实际上是相对于地面运动的，但是闭眼的同学却根据初设的定义得出该同学并没有运动的结论。这就使刚才给出的机械运动的定义与现实产生了一定的矛盾，给学生制造了认知冲突，最后教师再根据矛盾与冲突，进一步完善机械运动的定义。如此一来，学生经历概念生成的过程，对概念的关键要素的理解会更透彻。

教学活动的创设能够使学生真正置身于情境当中，能最大限度地调动学生的主动性和积极性，启发学生思维，开发学生智力，触发求知欲。学生的学习过程就是不断产生冲突、化解冲突和获得发展的过程。教师在教学过程中恰当地制造学生的认知冲突有利于学生知识的建构，比如捕捉学生认知易错点，引起认知冲突；在关键点追根溯源，诱导认知冲突；利用学生对新知识的轻视，激活认知冲突……总之在一次次的认知冲突中，学生的思维经历了"平衡—不平衡—平衡"的起伏，认知也经历了"构建—解构—重构"的过程，因此巧用认知冲突势必会促进学生深度学习，为课堂带来活力。

（四）再设情境，循序渐进

概念与规律的形成总是阶段性的，人们对客观事物的认识，有一个由简到繁、由低级到高级、由直观到抽象的过程。在建立运动的概念后，教师就应该着力于帮助学生进一步理解运动的相对性。此时教师可以向学生展示两架飞机在空中飞行的动图，让学生描述其中一架飞机的运动情况。通过学生的描述，可以让学生直观地感受到在选择不一样的参照物的情况下，对物体运动的描述也是不一样的。在物理教学过程中要遵循循序渐进的原则，由易到难逐步深化提高，这会有利于学生对知识的理解和掌握。而多角度、阶梯性地设置情境，更加契合教学需求，因此能更加高效地达到教学目的。

（五）深挖情境，拓宽思维

通过学习，同学们知道了运动的相对性，在此基础上再一次分析小华和小明的观点。小华和小明的观点虽然矛盾，但都是对的，因为小华和小明选择的参照物不一样。所以说静止和运动是相对的。

教师由此继续深挖，引导学生思考，拓宽学生思维。为什么我们平时在描述一个物体运动或静止时并没有选择参照物，原因是我们通常默认了以大地作为参照物。创设情境是学习接受陌生事物的过程，是开端，是从0到1的过程，而深挖情境是在已有经验的基础上不断进一步拓展的过程。常言道，万事开头难，而深挖情境便能够有效地绕开从0到1这个艰难质变的过程，降低学生的学习难度。另外，深挖情境也是对情境的一次再补充、深加工，其追求的是学生思维的深度和广度，对培养学生思维的深刻性、敏捷性有着不可忽视的作用。

（六）重现游戏，印证理论

物理是人们认识自然、解析自然的一门学科。在后面的教学环节中，教师组织学生再一次进行运乒乓球游戏。实际上，知识的掌握一般要经历三个阶段——领会、巩固、应用。学生对所学的知识不仅要明白，还要记住，会应用。学生只有经历上述三个完整的阶段，我们才能说他们达到了知识和技能层面的要求。在理解知识、记忆知识的基础上，进行一定的实践应用，一方面能够培养学生运用知识解决实际生活问题的能力，在实践中构建理论与实际的联系；另一方面通过问题的解决，可以增强学生探究新知的自信。而且学生完成游戏挑战的效率也客观反映了学生前一阶段的学习效果，再现游戏更凸显了物理学科在解决生活中问题方面的应用，展现出物理学科的魅力。

四、优化建议

本节课课堂情境创设得非常丰富，但同时衍生出两个问题：一是情境创设后学生对基础知识的吸收、总结和落实的时间不足；二是本节课的知识容量其实并不大。

（一）"过度"情境

课堂时间是有限的，在有限的一节课内创设大量的情境，必定会缩小每个情境的时间占比，也难以避免地导致情境创设变成"蜻蜓点水"，教师还没有从情境中抽丝剥茧地把物理知识带出来，课堂就已经推进到下一个环节了，既占用了课堂时间，又没有达到创设情境应有的效果。

情境创设的本意是想通过情境让学生更好地理解和落实知识，我们倡导创设情境，甚至是多情境教学，但不代表着要一味地创设情境，为"创"而"创"。所以在一节课内，我们应该尽量地避免"过度"创设情境，每个情境都要做到保质保效，无效情境能免则免。

（二）化简"烦琐"情境

在情境创设势在必行的情况下，情境的数量无法改变，而我们又想腾出更多的时间让学生去消化和吸收，这就需要教师去化简情境。比如本节课中教师在深化机械运动的定义时，创设情境让全班同学参与其中，但是讲台上移动的同学仅仅是作为"工具人"，并没有获得比讲台下观看的学生更多的体验感悟，所以，此环节处理没有必要再过分追求学生的互动。笔者建议，可做出这样的调整优化：直接通过实物代替"工具人"，为后续的教学腾出更多的时间。

附：《运动的相对性》教学设计

【教学目标】

1. 能用科学的语言来描述物体的静止和运动；

2. 会选参照物，能举例说明运动和静止的相对性；

3. 能用参照物的知识（参照物是假定不动的物体）解决实际问题，如针对轮船、汽车上的物体的运动，会选用合适的参照物；联系生活，能在具体事例中找出运动相对性的应用。

【教学重难点】

运动和静止的相对性。

【教学过程】

1. 创设游戏

设计意图：活跃课堂气氛，提高学生学习兴趣，使学生更好地接受新知和融入课堂。

创设"运乒乓球"的游戏活动，邀请两位学生参与比赛。

2. 议一议

小明和小华谁说得对?

设计意图：从生活情境引入，增强生活与物理的联系。

图4-4-1

学生根据生活经验，做出选择。

3. 概念学习

（1）组织活动

请三位同学上台。

① 所有学生闭眼（让一个同学位置变化），之后看有什么变化（给出机械运动的定义）。

② 所有学生再闭眼（三个同学位置同时变化），之后看有什么变化。

③ 一半人闭眼，一半人观察整个过程（一个同学转一圈回到原处）。

（2）概念学习

① 机械运动：物理学中，把一个物体相对另一个物体位置的改变叫作机械运动，简称运动。

② 参照物：在判断一个物体是否运动时，被选来作为标准的另一个物体。

（3）概念应用

判断运动员和墙是运动还是静止。

设计意图：通过例题练习，强化学生对概念的理解。

（a）

（b）

图4-4-2

提问：以地板为参照物，运动员是_____的，因为_____，墙是_____的，因为_____。

学生思考回答：以地板为参照物，运动员是运动的，因为她相对于地板位置发生了改变；墙是静止的，因为它相对于地板，位置没有发生改变。

引导学生提炼方法。

给出机械运动和参照物的定义。

学生记忆和理解概念。

4. 提炼方法

设计意图：培养学生知识迁移和思维能力。

（1）判断物体运动或静止的方法：①确定研究对象；②选取合适的参照物；③观察研究对象相对于参照物位置是否发生变化。

（2）方法应用：葛洪《抱朴子》。

图4-4-3

提出问题：认为云朵向西运动，是以_____为参照物；认为月亮向东运动，是以_____为参照物；

认为月亮向东运动，是以_____为参照物；认为月亮是静止的，是以_____为参照物。

学生思考回答：

认为云朵向西运动，是以月亮为参照物；认为月亮向东运动，是以云朵为参照物；

认为月亮向东运动，是以云朵为参照物；认为月亮是静止的，是以大地为参照物。

5. 规律总结

（1）总结规律：同一物体，由于选取的参照物不同，可以说它是运动的，也可以说它是静止的，机械运动的这种性质叫作运动的相对性。

（2）再议：小明和小华谁说得对？

设计意图：培养学生通过学习，获得解决生活问题的能力。

提出问题：认为火车没动，是以_____为参照物；认为火车动了，是以_____为参照物。

提醒学生：通常情况下，我们选择地面（或者相对地面静止的物体）为参照物。

学生思考回答：认为火车没动，是以站台为参照物；认为火车动了，是以旁边火车为参照物。

（3）通常情况下，我们选择地面（或者相对地面静止的物体）为参照物。

6. 创设活动

设计意图：培养学生将知识应用到生活中的能力。

活动：搬运橘子。

（1）器材：小钢尺、橘子。

（2）任务：将橘子运到后排。

7. 生活应用

（1）加油机

图4-4-4

以加油机为参照物，受油机是静止的吗？

（2）风洞试验

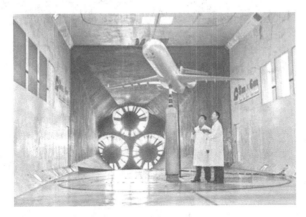

图4-4-5

8.考考你

设计意图：巧用认知冲突势必会促进学生深度学习，为课堂带来活力。

（1）三人行必有我师。他运动了吗？

提出问题：一个同学转一圈回到原处，他运动了吗？

（2）纠正概念.

物理学中，把一个物体相对于另一个物体位置改变的过程叫作机械运动，简称运动。

（3）楼房是静止的还是运动的？

提出问题：楼房是静止的还是运动的？

引导学生：楼房若是运动的，明天你们到哪里上学呢？

【板书设计】

运动的相对性

一、机械运动

一个物体相对于另一个物体位置改变的过程叫作机械运动，简称运动。

二、参照物

被选来作为标准的另外一个物体。

三、运动的相对性

同一个物体，由于选取的参照物不同，我们可以说它是运动的，也可以说它是静止的。机械运动的这种性质叫作运动的相对性。

四、应用

课例五　探究凸透镜成像的规律

上课教师：上海"市八"初级中学　王建中

评述教师：珠海市斗门区斗门镇初级中学　刘文东

一、课题分析

从整个教学设计过程来看，教学目标是整个教学活动的起点和终点，它直接决定着教学的发展方向和质量。本节课能够让学生通过科学探究的活动找出凸透镜成像的规律，体验科学探究的全过程，同时还培养了学生发现问题、解决问题、分析归纳等多方面的能力，激发了学生的求知欲、探索欲，所以较好地达成了本节课设定的教学目标。

教学重难点：探究凸透镜成像的规律是光的折射的重要应用之一，但对初中学生来说，它是困难的。其原因是：①规律本身比较复杂，成像的性质有放大、缩小、等大、倒立、正立、实像、虚像的多种组合；像的性质随物距的变化分为多个区间，且有突变点。②学生在学习该课题前没有很多经验，也缺少相关的理论知识，课程标准也不要求介绍几何光学的光路图（只介绍平行光汇聚及其可逆的光路）。此外，虚像更是难以捉摸的。

二、教学过程

（一）情境导入

教师以"寻找上海东方明珠"为情境引入新课。教师选择的"东方明珠"

模型，能够快速吸引学生的注意力，提高学生的学习兴趣。接下来，教师让每位学生利用手中的凸透镜寻找这颗明珠，这样设计，一来锻炼学生在光屏上形成清晰的像的能力；二来当光屏上形成像时，便于学生观察像的正倒和大小变化，为后面的实验操作做铺垫。

（二）新课教学

（1）教师示范如何找到清晰的像。

虽然大部分学生在上面的练习中已经学会了如何找到清晰的像，但是老师这样做能让每一位同学都掌握方法，因为这是完成实验必须掌握的技能。

（2）教师讲授物距（u）、像距（v）概念，以及计算物距和像距的方法。

（3）学生进行猜想。

师：像的大小与什么有关？

生：物距（u）。

生：像距（v）。

生：焦距（f）。

通过师生讨论，探究物距的变化对象的影响。

（4）学生分组进行实验，教师讲解注意事项。

（5）教师引导，学生积极回答，共同归纳得出凸透镜成像规律。

三、教学策略

课堂是按一定活动方式展开的，活动方式就是课堂表现出来的行为。一堂课是围绕一定教学目标发生的一系列教与学的行为。本节课王老师通过提出富有挑战性、层层递进又彼此关联的问题引导学生思考，学生在解决问题的过程中理解了实验原理，掌握了实验技能。

本节课在新课引入、问题设计、活动展开、互动交流中较好地采用了以下教学策略。

（一）"问题驱动"策略

本节课王老师在新课引入方面设计了三个问题。

（1）你看到的光屏上的东方明珠电视塔是原来的东方明珠电视塔吗？

（2）"光屏"上的东方明珠电视塔从何而来？

（3）什么是实像？

通过有效问题的层层推进，学生在问题驱动下不断思考、想象和交流。在其他教学环节，也处处以"问题驱动"，在问题互动中突破了教学难点。教师提出的问题是否有效，依赖于教师对教材文本的深刻解读和对学情的准确把握。本课例的主讲者王老师的课前准备是非常充分有效的。

（二）"同化学习"策略

王老师充分利用学生的认知规律，自然迁移新问题，利用前面的问题讨论自然过渡到后面内容的学习。比如利用学生已经知道的"能用光屏接收的像是实像"这一标准，可以判定凸透镜什么时候成实像，什么时候成虚像。

（三）"合作学习"策略

合作学习因具有集智攻关、经验分享、强化团队意识等教学优势而倍受重视，但当前合作学习也出现了"合作之前不思，交流之时不听，放手合作不导"等弊端。王老师在提出挑战性问题后，没有急于让学生回答，而是留足时间让学生在独立思考的基础上进行小组讨论，教师给予恰当的点拨与提醒，在展示交流环节注意引导学生用心倾听。这样可以让每一个学生都参与到课堂活动中，提高课堂效率。

（四）"在活动中建构"策略

新课程强调"重过程"，就是让学生亲身经历观察、思考、体验、质疑、探索、分享的过程。技能的学习"一靠模仿，二靠做中去悟"。王老师采用"在问题中思考，在活动中体验，在体验中建构"的教学思路，符合技能学习特点，这是本堂课的亮点所在。这节课始终把"过程"的设计落实到培养学生学习行为上来，利用问题激活思维，在问题引领下让学生经历观察、实验、操作与体验、猜想、验证、推理、交流、抽象概括、数据收集与处理、问题反思等活动，让学生在学习活动中主动思考、动手体验、产生疑问，在探索中掌握技能，领悟方法，优化原有的物理认知结构。

我们通过对课堂上师生互动、动手操作、课堂展示等情况的观察发现，本堂课学生真正"动起来了"，绝大多数学生对学习内容持有浓厚兴趣，在问题引领下积极思考，经历了观察、思考、体验、质疑、探索、分享等多样化的学习探索活动，教学设计体现了"从生活走向物理，从物理走向社会"的课程理念。

从达成结果看，有95%以上的学生能够熟练掌握实验的原理及操作要领，能够理解凸透镜成像规律，能利用此规律进行简单的现象解释，实现了预定的教学目标，是一节"情趣浓、方法活、效果好"的初中物理实验教学课。

四、优化建议

（1）培养学生的科学素养应该是我们始终怀有的大目标，那么如何让问题更具教育性呢？

本节课在合作与交流环节提出开放性问题：物距、像距虽然不相同，但成像原理是否相同？笔者认为这样设问容易将学生的视角局限在实验数据上。建议将此问题改为：根据这些实验数据和图像分析，你能提出哪些凸透镜成像规律？这样既保留了原问题的开放性，又能引起学生更具价值的思考。

（2）正确处理教师主导与学生主体的关系是课堂改革的关键。本节课采用的"问题驱动课堂"教学策略是值得倡导的。但教师问得过多过细可能会封闭学生的思考空间，并造成学生对教师的过度依赖。过于顺畅的、线性化的学习过程，缺乏思维的碰撞，难以增强学习效果。本节实验课内容多、难度大，教师提问多，学生提问少，预设问题多，生成问题少，给学生暴露错误的机会少，课堂预设充分而生成不足。一节课，从对教学过程的设想到真正与学生交流是有变数的，要既重预设又重生成。课堂上，教师创设合适的问题空间，带给学生理智的挑战，让学生多一些主动质疑和互动讨论是有效教学的关键。教师是引导者、启发者、促进者，应该给学生留有思考、交流、展示的机会，而不能一直牵着学生不肯放手。

（3）实验课容量大、要求高，教师要对整节课有一个系统布局，特别是对时间的分配和任务的分解。由于时间关系，本节课缺少必要的课堂练习。尤其实验课，对一些关键性技能一定要及时加强应用练习，从实践到理论又回到实践中去才能让学生真正掌握。

附：《探究凸透镜成像的规律》教学设计

【教学目标】

1. 知道实像、物距和像距、凸透镜成像规律。

2. 经历凸透镜成像规律的探究过程，感受观察、比较、归纳、推理、总结等科学方法。

3. 具有对科学的求知欲，乐于探索自然现象和日常生活中的物理学道理。

4. 通过小组实验中互相配合、相互交流，养成合作学习的良好学习习惯。

【教学重难点】

教学重点：探究凸透镜成像规律。

教学难点：归纳凸透镜成像规律。

【教学资源】

光具座、光屏、蜡烛、透镜、发光东方明珠，多媒体课件。

【教学流程图】

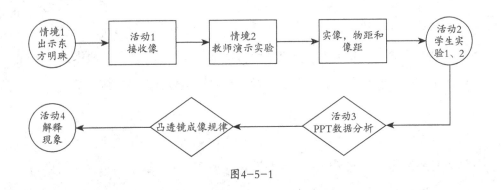

图4-5-1

【教学过程】

情境1：出示东方明珠电视塔。

提问：

（1）你看到的光屏上的东方明珠电视塔是原来的东方明珠电视塔吗？

（2）"光屏"上的东方明珠电视塔从何而来？

（3）什么是实像？

学生回答：

（1）不是，是东方明珠电视塔的像。

（2）光通过凸透镜折射形成的 。

情境2：演示实验。

问：什么因素影响凸透镜成像呢？

学生猜想并讨论得出：可能与蜡烛到凸透镜的距离有关，也可能与凸透镜的焦距有关。

活动1：

有了猜想我们就应该用科学的方法来验证。也就是说，用实验来找出什么条件下物体成放大或者缩小的像。

A. 介绍实验器材——光具座，左边是发光二极管（发光物），高度3厘米，中间是焦距f=10厘米的凸透镜，它的位置不调节。右边是有刻度的光屏。

B. 在光具座上从左到右依次放置好发光物体、凸透镜和光屏。

C. 如何让像成在光屏中央，以及如何让物体在光屏上成清晰的像。

D. 找规律要多组数据，改变物距后，找到缩小的、大小不同的像。

活动2：学生分组实验

小组同学先讨论实验方案，再进行实验，并在学案记录表中分别记录物距与像距和成像情况。一半同学进行凸透镜成倒立、缩小实像的实验，一半同学进行凸透镜成倒立、放大实像的实验，并分别记录物距与像距。

学生实验1：——探究已知焦距的凸透镜成缩小实像的规律。

学生实验2：——探究已知焦距的凸透镜成放大实像的规律。

数据采集、处理并交流：

活动3：数据采集、处理并交流

（1）提问：把实验得到的倒立、缩小实像的物距与像距分别输入电脑。图像比数字更加清晰，能不能将数字关系过渡到图像关系呢？（引导学生由数字关系过渡到图像关系）

学生利用PPT收集数据和分析：

数轴上呈现凸透镜成倒立、缩小实像的物距、像距集中在某一范围，归纳结果。

（2）提问：这些物距、像距虽然不尽相同，但它们所成像的性质是否相同？那么这些物距、像距所在的范围有无共同点呢？（引导学生由图像关系过渡到数字关系）

小组讨论、交流、归纳：物距大于$2f$，像距在f、$2f$之间，凸透镜成倒立、缩小的实像。

（3）将各组得到的倒立、放大的实像的物距与像距分别输入电脑，与上述方法类似得出结论。

小组讨论、交流、归纳：物距在f、$2f$之间，像距大于$2f$，凸透镜成倒立、放大的实像。

（4）提问：物距大于$2f$时成倒立、缩小的实像，物距在f、$2f$之间，成倒立、放大的实像。那么在缩小的实像和放大的实像之间成什么像？

学生回答：

物距等于$2f$，凸透镜成倒立、等大的实像。

活动4：解释像不同的原因

利用flash动画帮助学生梳理总结凸透镜成像规律。

【板书设计】

物距（u）与焦距（f）的关系	像距（v）与物距（u）的关系	同侧或异侧	正/倒	大/小	虚/实	应用
$u>2f$	$u>v$	异侧	倒立	缩小	实像	照相机
$u=2f$	$u=v$	异侧	倒立	等大	实像	测焦距
$f<u<2f$	$u<v$	异侧	倒立	放大	实像	投影仪、幻灯机
$u=f$	$v\to\infty$	不成像	—	—	—	平行光源测焦距
$u<f$	$v>u$	同侧	正立	放大	虚像	放大镜